길이신 예수님과 동행하길 소망하며

기쁨으로 걸어가는

사랑하는 _____ 에게 드립니다.

그길이신 예수

그 길이신 예수

곽요셉 지음

가치창조

[서 문]

인생의 모든 일들은 기초를 어떻게 세우느냐가 대단히 중요합니다. 잘못된 출발은 불행한 결과를 낳습니다. 마찬가지로, 신앙생활도 그 기초를 어떻게 세우느냐에 따라 많은 희비가 엇갈립니다. 기독교 신앙은 무엇을 믿느냐에 대한 바른 인식, 어떻게 믿어야 할 것인가에 대한 분별, 그리고 어떻게 살아야 할 것인가에 대해서 확실한 지침을 제공해줍니다. 우리 주 예수님께서는 친히 "내가 곧 길이요, 진리요, 생명이라" (요14:6)고 말씀하셨습니다. 크리스천은 믿음과 삶의 어느 한 요소, 어느 한 순간도 예수 그리스도께서 보여주신 사역과 가르치신 말씀으로부터 벗어날 수 없음을 깊이 묵상해야 합니다.

기독교 신앙에서 무엇을 믿느냐와 어떻게 믿느냐는 조금도 분리될 수 없는 하나의 통합된 주제입니다. 왜냐하면 예수님께서는 우리가 찾고 믿는 '진리'와 '생명'이실 뿐 아니라, 찾고 믿는 방식까지 제시한 유일한 '길'이시라고 성경은 증거하기 때문입니다. 자칫 믿는다고 하면서 그 살아가는 방식은 성경의 말씀과는 전혀 딴판인 경우가 있습니다. 유대인들이 "하나님께 열심이 있으나, 지식을 좇은 것이 아니라"(롬10:2)는 사도 바울의 평가는 오늘날 범람하는 자기중심적, 시대 추종적 신앙의 양태들을 볼 때 다시금 되새겨보아야 할 의미심장한 말씀입니다. 기독교 신앙은 자기의 감정을 충족시키고, 기복적 소원을 지지해주기 위한 명분으로 존재하지 않습니다. 오직 말씀의 기준을 따르고 성령의 인도하심을 받아 우리의 감정, 소원, 삶의 방향이 변화되어야 할 것입니다.

이 책은 성도들이 기독교 신앙을 바른 토대 위에서 세울 수 있도록 도우려는 목회적 고민에서 나왔습니다. 이 책의 내용은 크게 3주제로 나뉘어 있습니다. 첫 번째 주제는 길이시고, 진리이시고, 생명이신 예수 그리스도를 바로 알기 위함입니다. 기독교 신앙의 중심이신 예수 그리스도에 대한 지식은 조금도 흔들릴 수 없는 절대적인 기초입니다. 두 번째 주제는, 예수 그리스도의 길을 추구하는 모범과 원리를 보여주고 있습니다. 구체적으로 성경에 나오는 두 인물, 아브라함과 다윗의 삶을 기독론적 관점에서 조명하였습니다. 또한 그 길을 가는 믿음의 원리인 하나님 나라와 교회는 어떤 곳인지를 설명했습니다. 세 번째 주제는, 그 길을 구체적인 삶의 현장에서 적용하는 법을 알려주고자 하였습니다. 특별히 수많은 가정들이 파괴되고, 인간의 온갖 문제들이 역기능적인 가정에서 비롯되는 현실을 감안하여, 하나님이 세우신 최초의 제도인 가정에서 남편과 아내의 관계, 부모와 자녀의 관계를 어떤 원리로 풀어가야 할지 다루었습니다. 사실 이 같은 구성은 신약 서신서의 구조와도 일맥상통할 것입니다.

본서를 구성하는 11편의 글들은 예수소망교회 강단을 통해 선포된 말씀들 가운데 기독교 신앙의 기초를 형성하기 위해 꼭 필요한 주제들을 선별하여 쉽게 읽을 수 있도록 편집한 것입니다. 우선은 기독교 신앙을 바르게 배우고 이해하며 그 신비한 삶을 살기 원하는 초신자들을 염두에 둔 것이지만, 신앙의 기초를 바로 세우는 문제는 일평생에 걸쳐 부단히 씨름해야 할 숙제이기 때문에 모든 성도들에게 도움이 될 것이라 생각합니다. 오직 말씀 안에서 성령의 도우심을 입어 믿음의 선한 싸움을 싸우시는 데에 이 책이 작은 나침반 역할을 할 수 있기를 진심으로 기원합니다.

예수소망교회 창립 5주년을 감사하며
2008년 10월

곽 요 셉

CONTENTS 차 례

서문 • 6

 제1부 길, 진리, 생명

    1장 그 길이신 예수 • 14
    2장 그 진리이신 예수 • 27
    3장 그 생명이신 예수 • 40

 제2부 그 길을 어떻게 갈 것인가

    4장 아브라함의 길 • 56
    5장 다윗의 길 • 70
    6장 그 나라와 그 의 • 85
    7장 그의 몸된 교회 • 99

 제3부 그 길을 걷는 가정

    8장 한 몸 이룸의 신비 • 116
    9장 아내가 걸어야 할 길 • 133
    10장 남편이 걸어야 할 길 • 151
    11장 부모와 자녀가 걸어야 할 길 • 168

내가 곧 길이요 진리요 생명이니

나로 말미암지 않고는

아버지께로 올 자가 없느니라

_요한복음 14:6

제 1 부 길·진리·생명

그 길이신 예수

 길이 우선이다

어느 국제회의에 기독교인 미국 청년과 비기독교인 인디언 청년이 함께 참석하였다. 비기독교인 인디언 청년은 기독교에 대해 많은 적대감을 갖고 있었는데 우연히 두 청년이 같은 방을 쓰게 되었다. 그래서 미국 청년이 인디언 청년의 적대감을 돌려놓고 신앙을 갖게 하려 노력하며 물었다. "예수님의 가르침 중에서 어떤 점이 자네를 그렇게 기분 나쁘게 만들었는가?" 그러자 인디언 청년이 이렇게 대답했다. "아니, 그런 것은 전혀 없다네. 단지 내가 기독교와 기독교인을 싫어하는 것은 그들이 전혀 기독교인처럼 살지 않기 때문이지."

기독교인과 비기독교인은 분명히 삶의 목적과 의미, 또한 살아가는 방법까지도 구별되어야 한다. 아무리 근사하고 거룩한 삶의 목적을 갖고 있다고 하더라도 삶의 방법이 하나님의 뜻에 합당하지 않으면 그것은 하나님의 영광과 무관하다. 흔히 우리는 목적만 훌륭하면 방법은 아무렇게나 해도 된다고 여기는데 성경은 결코 그렇게 말하지 않는다.

요한복음 14장 6절을 보면 기독교 복음의 핵심이라 할 수 있는 예수님의 선언이 나온다. "내가 곧 길이요 진리요 생명이니 나로 말미암지 않고는 아버지께로 올 자가 없느니라." 이 말씀은 모든 그리스도인의 신앙고백이다. 또한 모든 기독교 진리 중에서 가장 본질이 되는 말씀이다. 그런데 이 구절을 보면 순서가 좀 이상하다고 생각되지 않는가? 우리 생각에는 진리와 생명이 먼저 나와야 될 것 같은데, 예수님께서는 '길'을 먼저 말씀하신다.

어떤 회사에 입사시험이 있었는데 첫 번째 지원자가 들어왔다. 사장이 이렇게 말한다. "아주 간단한 테스트로 귀하의 입사여부가 가려질 것입니다." 지원자는 알겠다고 대답한다. "자, 2+2는 무엇입니까?" 너무 쉬어 첫 번째 지원자가 4라고 답을 한다. 첫 번째 지원자가 나간 후 다음 지원자가 들어왔다. 사장은 똑같이 2+2는 무엇이냐고 묻는다. 두 번째 지원자가 가만히 생각해보니까 답이 너무 쉬운 것이다. 그래서 생각을 가다듬어 이렇게 대답한다. "무엇이든 사장님께서 말씀하신 것이 답입니다." 누가 입사했겠는가? 당연히 두 번째 사람이다. 우스운 이야기지만 우리가 무엇을 결정하거나 답을 구할 때마다 무엇을 분명히 알아야 하는지를 시사하고 있다. 즉, 우리가 생각하는 답이 예수 그리스도와 성경 안에서 주어진 답인지 아니면 나의 세상적인 지식과 상식 안에서 얻은 답인지 항상 구별하여 생각하며 살아가야 한다는 것이다.

많은 사람들이 예수님이 가르치신 진리를 알고, 예수 안에 있는 생명을 믿는다며 찬양한다. 그런데 문제는 그 진리와 생명을 '어떻게' 발견하고 누리느냐 하는 것이다. 사실 예수 안에서 주어지는 진리와 생명은 좋다고 하면서도, '그 길(The Way)'은 싫어하는 것은 아닐까? 그분의 길과 방법보다 내 길과 방법을 더 편하고 좋아하는 것은 아닐까? 인간은 끊임없이 자기 나름의 길을 통해 진리와 생명에 이르고자 한다. 그러나 주님께서 분명히 말씀하신다. "나는 길이다." 이것이 먼저다. '그 길' 외에는 생명도 진리도 없다. '그 길' 밖에서는 아무런 의미도 없다. 따라서 그리스도인의 삶에서 가장 중심이 되고 우선되어야 할 것은 길 되신 예수님이다.

인격적인 '그 길'

예수님께서 본문의 말씀을 주신 때는 십자가를 지시기 바로 전날이었다. 그래서 이 말씀은 마지막 유언 같은 것으로 볼 수 있다. 예수님께서 성만찬을 베풀고 특별히 사랑하는 제자들을 앞에 두고 말씀하신다.

제자들은 예수님께서 이제 예루살렘에 가서 왕이 되면 자신들은 높은 지위와 명예를 누리게 될 것이라고 한껏 기대에 부풀어 있다. 그런데 오히려 예수님께서는 가룟 유다가 자신을 배반할 것이라는 것과 베드로가 자신을 부인할 것을 말씀하신다. 그리고 자신이 십자가를 지고 십자가에 매달릴 것을 예고하신다. 들떠 있던 제자들의 마음에 근심이 쌓이자 예수님께서 위로하시며 주신 말씀이 바로 "나는 길이다. 내가 가는 곳의 그 길을 너희가 알리라"는 것이다. '그 길'이라고 하신 것은 제자들이 당연히 알아야 한다는 뜻이다.

그러자 예수님의 제자인 도마가 "우리가 어찌 그 길을 알겠나이까?"라고 반문한다. 도마는 예수님과 3년을 함께 지낸 제자다. 예수님과 3년 이상을 24시간 내내 같이 있었던 사이다. 그럼에도 당연히 알고 있어야 할 '그 길'을 모른다는 것이다. 왜 도마는 오랜 기간 예수님께서 말씀하고 보여주셨는데 '그 길'을 모른다는 것일까? 그건

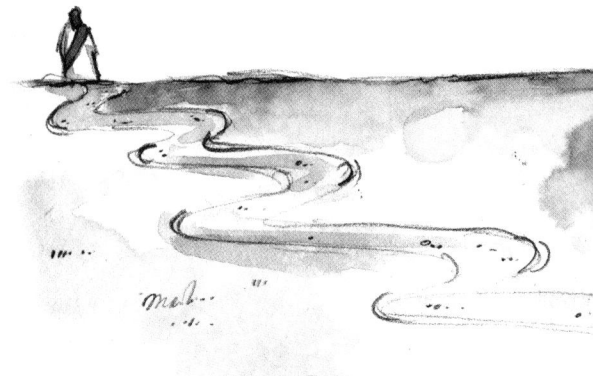

도마 자신의 욕망이 앞섰기 때문이다. 도마는 3년 내내 자신의 소원을 품고 그 소원을 위해 예수님을 믿은 것이다. 이런 마음으로는 하나님의 말씀을 들어도 깨달을 수는 없다.

'그 길'은 은유적 표현이다. 이 간단한 용어에 무궁무진한 하나님의 말씀이 함축되어 있다. '그 길'은 인격적인 길이다. 인격체이신

'그 길'을 만나고
'그 길'을 느끼며 살아가려면
말씀을 묵상하며 예수님과
인격적인 만남을 가져야 한다.

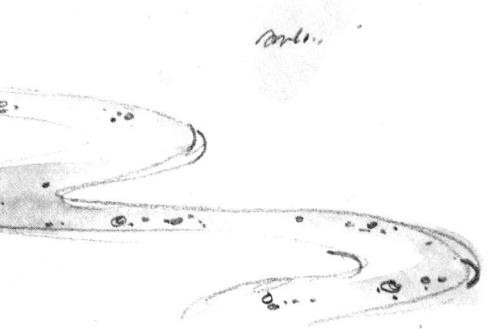

예수님이 내가 '그 길'이라고 말씀하셨기 때문이다. 달리 말하면 비인격적인 길은 '그 길'이 아니다. '그 길'은 인간이 만든 길이 아니다. '그 길'은 하나님께서 이미 예비하신 길이다. '그 길'이 우리 앞에 있다. 따라서 '그 길'을 만나고, '그 길'을 느끼면서 살아가려면 말씀을 묵상하며 예수님과 인격적인 만남을 가져야 한다.

삶의 목적인 '그 길'

우리가 또 알아야 할 것은 '그 길'의 목적지가 어디냐는 것이다. '그 길'의 끝은 어디며, 무엇을 향한 길인가? '그 길'은 세상의 성공이나 명예나 부귀, 영광으로 이어지는 길이 아니다. '그 길'은 아버지 하나님께로 향하는 길이다. 그래서 주님께서 말씀하신다. "나는 길이다. 나로 말미암지 않고는 아버지께로 갈 자가 없느니라." 그런데 도마와 마찬가지로 우리의 마음에는 세상적인 소원과 욕망이 있다. 그래서 그 길을 놓치는 것이다.

우리의 신앙생활의 목적은 어디에 있는가? 우리가 기도하고 예배하고 찬송하고 말씀을 묵상하고 봉사하는 이 모든 것의 궁극적 목적이 어디 있는가? 하나님을 만나는 것이고, 하나님께로 향하는 길에 있는 것이다. 나머지는 하나님께 맡기는 것이다. 이것이 신앙생활의 궁극적 목적이 될 때 우리 안에 평안과 지혜가 충만하게 된다. 우리 마음에 근심, 불안, 불확실, 걱정, 두려움, 절망 등이 왜 생기는가? 길이 잘못돼서 그런 것이다. 우리의 모든 신앙의 중심이 하나님 아버지께로 향해야 하고, '그 길'의 끝을 보고 믿고 살아야 하는데 그 목적 외의 다른 목적들이 너무나 많다. 하나님께로 향하는 '그 길' 위에서 우리는 살아야 한다.

삶의 방법인 '그 길'

'그 길'은 삶의 방법이다. '그 길'은 하나님께로 향하는 삶의 방법이 된다. 유진 피터슨 Eugene H. Peterson 의 『그 길을 걸으라』 The Jesus Way 는 책이 있다. 이 책은 '그 길'을 처음부터 끝까지 강조한다. 유진 피터슨은 그 책에서 매우 의미심장한 경고를 한다. "마귀의 유혹은 오직 방법들에만 집중한다." 마귀의 방법은 목적을 바꾸는 게 아니고, 사는 방법에 집중해서 그것을 마귀의 방법으로 바꾸게 한다고 강조한다. 그러면서 저자는 그 예로 예수님이 광야에서 겪은 세 가지 시험을 제시한다.

먼저 "돌이 떡이 되게 하라"는 사단의 유혹이다. 인간의 몸을 입으신 예수님께서 40일을 굶으셨기 때문에 자신의 배고픔을 기적으로 해결하라고 유혹한 것이다. 돌을 떡으로 바꿔서 즉각적으로 문제를 해결하라는 것이다. 그러나 예수님께서는 단호히 거절하신다. 그 방법을 이룰 수 있는 능력은 있지만 그 방법은 '그 길'이 아니기 때문이다.

두 번째로 마귀는 "성전에서 뛰어내리라"는 초자연적 현상을 통해서 하나님 나라를 이루라고 유혹한다. 그러나 예수님께서는 그 방법을 택하지 않으셨다. '그 길'이 아니기 때문이다.

'그 길'을 통해서만 하나님을 만나고
하늘의 기쁨과 평강을 맛볼 수 있다.
예수 그리스도만이 우리를 인도하는 길이고 방법이다.

방법이 잘못되면 아무리 결과가 좋아도 하나님과 무관하다는 사실은 오늘날에도 중요한 교훈이다. 교회도 마찬가지다. 조직 관리를 잘해서, 프로그램을 개발하고 효과적으로 운영해서 또는 신문방송에 광고해서 사람을 많이 모은다고 하여 하나님 나라에 무슨 유익이 있겠는가? 그러한 방법은 세상의 기업에서 하는 방법이고, 예수께서 거부하신 것들 아닌가?

세 번째로, 마귀는 "내게 절하고 경배하면 온 세상의 영광을 주겠다"고 유혹한다. 한 마디로 사랑과 수고와 헌신 없이 이 세상을 지배하고 다스리라는 유혹이다. 이 모든 방법은 마귀의 방법이고 비인격적인 방법이다. 그래서 이 땅의 왕이신 예수님께서는 단호히 거절하신다. 그리고 오직 성경에 근거해서 마귀를 대적하신다. "기록되었으되, 기록되었으되, 기록되었으되……"

예수님께서는 말씀과 함께 인격적인 방법으로 하나님의 뜻을 묵묵히 이루어 나가신다. 그래서 십자가를 지신 것이다. 예수님께서 고민하신 것은 하나님께 영광을 돌리냐 안 돌리냐 하는 문제가 아니었다. 예수님의 고민은 어떻게 영광을 돌리느냐 하는 방법의 문제였다. 예수님께서는 끊임없이 마지막까지 과연 십자가가 그 길의 방법인지를 고민하셨다. 우리는 주의 길 위에서 우리가 취하는 방법과 수단이 하나님 뜻 안에 있는 것인지 진지하게 선택하고 결정하며 살아가야 한다. 그러나 오늘도 사단은 우리로 하여금 방법에만 집중하게 한다. 다른 효과적인 방법을 찾게 한다. 그래서 주님께서 말씀하신다. "내가 그 길이다. I'm the way."

유일한 길인 '그 길'

이 길은 유일한 길이다. '그 길'은 유일하신 예수 그리스도 자신을 말한다. 중요한 사실은 그 길은 우리가 만드는 것이 아니라는 점이다. 대신 그 길은 오직 말씀 안에서 발견할 수 있다. 따라서 말씀을 묵상하고 말씀에 집중해야 한다. 하나님께서 이 땅에 오심도 오직 그 길이신 예수 그리스도를 통해서다. 또한 하나님께로 가는 길도 오직 그 길을 통해서만 갈 수 있다. 이것이 하나님의 길이다. 이것에 대해 세상은 기독교를 배타적이라고 조롱한다. 그래서 세상의 비판과 필요를 받아들여 천주교조차 다른 종교도 구원이 있을 수 있다고 말하곤 한다. 그러나 결코 그렇지 않다. 예수 그리스도, 그 분만이 길이시다. 그 분이 말씀하신다. "I'm the way."

아프리카 콩고의 스티븐슨 선교사는 콩고의 정글 한가운데에 작은 오두막을 지어 사람들이 오고갈 때 그곳을 거치도록 만들었다. 그리고 오두막에 들르는 사람에게 복음을 전했다. 천둥번개가 치고 큰 폭풍우가 몰아치던 어느 날 백인 두 명이 정글에서 길을 잃고 오두막을 찾아왔다. "우리는 진스 강을 찾아가야 하는데 길을 좀 가르쳐주십시오. 길을 도무지 알 수가 없습니다." 스티븐슨 선교사가 대답했다. "당신들도 알다시피 정글에 무슨 길이 있겠습니까? 그러니 어떻게 길을 가르쳐줄 수 있겠습니까?" 그러자 이 두 사람이 또 묻는다. "그러면 방향만이라도 좀 알려주십시오." 이에 선교사가 대답한다. "여기서는 방향도 가리킬 수 없습니다." 난처해진 두 사람이 걱정이 되어 묻는다. "그럼 어떡하면 좋습니까?" 그러자 선교사가 이렇게 말했다고 한다. "오직 한 길이 있습니다. 그것은 제가 당신들을 데리고 가는 것입니다." 마찬가지다. 우리를 하나님께로 인도하실 분은 하나님께로부터 오신 분인 예수님뿐이다. 그 분과 인격적으로 동행하는 것만이 유일한 길이다. 예수님께서 말씀하셨다.

"I'm the Way."

당신은 인생의 행복을 위해서 어떤 길과 어떤 방법을 추구해왔는가? 과연 그러한 길과 방법이 당신을 기쁘게 하고 당신에게 평안을 주었는가? 우리는 오직 '그 길' 위에서만 진리를 체험하고 생명을 경험할 수 있다. '그 길'을 통해서만 하나님을 만나고 하늘의 기쁨과 평강을 맛볼 수 있다. 예수 그리스도만이 우리를 인도하는 길이고 방법이다. 그리스도인은 다름 아닌 예수 그리스도를 삶의 길이요, 방법이라 고백하는 자다.

그 진리이신 예수

 참된 진리

상대성 이론으로 유명한 물리학자 아인슈타인 Albert Einstein 박사는 음악애호가였다고 한다. 특별히 바이올린을 좋아해서 바이올린 연습을 취미로 삼고 매우 즐겼다고 한다. 또 그는 세미나를 마친 후 의례적인 인사보다는 직접 바이올린을 연주해서 청중에게 화답하는 것을 좋아했던 사람으로 알려져 있다.

그런 그가 어느 날 한 시골대학에 초대를 받아 물리학 세미나를 했었을 때의 이야기다. 세미나가 끝나고 환영연회가 벌어졌다. 그때도 평상시처럼 인사말 대신 직접 바이올린을 연주했다고 한다. 그런데 다음날 마을신문에 이런 제목의 기사가 실렸다고 한다. '아인슈타인, 바이올린 연주회 대성황!' 더군다나 그 기사에는 아인슈타인을 저명한 바이올리니스트로 소개하며, 덧붙여 그가 물리학과 수학에도 권위자라고 적어 놓았다. 지방 마을의 신문기자가 아인슈타인 박사를 잘 몰랐기 때문에 일어난 사건이다. 참 우습기도 하고 어이없는 사건이 아닐 수 없다.

마찬가지로 이 어이없는 사건 앞에 과연 우리는 예수 그리스도를

얼마나 바르게 알고 있는지 되물어야 하지 않을까? 왜곡된 선입견으로 예수가 어떠어떠한 분이라고 단정 짓고 있지는 않은가? 물리학자 아인슈타인을 바이올린 연주자로 오해한 것처럼, 예수님의 진정한 모습을 놓친 채 내 식대로 오해하는 것은 아닌가?

  사실 많은 이들이 예수님을 위대한 교사로, 훌륭한 종교지도자로, 세계적인 성인 가운데 한 사람으로 적당히 이해하며 살아간다. 그러나 예수님께서는 요한복음 14장에서 분명하게 자신을 나타내보이셨

다. "나는 (유일한) 진리다. I'm the truth." 위대한 선언이다.

이 말의 의미가 무엇인가? 예수님을 모르면 진리도 모른다는 뜻이다. 예수님을 아는 자는 진리를 알고, 진리를 아는 자는 예수님을 안다는 말이다.

이 세상에는 두 가지 차원의 진리가 있다. 먼저 매우 일반적인 진리가 있다. 철학적 진리, 과학적 진리, 심리학적 진리, 역사적 진리, 그리고 종교적 진리가 바로 그것이다. 이 진리의 공통분모는 사실적인 진리라는 것이다. 하지만 그것뿐이다. "지구가 돈다." "모든 사람들은 죽는다." "노력은 성공의 어머니다." 이러한 것들을 가리켜 우리는 사실적 진리라고 말할 수 있다. 사실적 진리는 일반적인 삶을 영위하기 위해서 필요한 진리들이지만, 그 이상의 능력은 없다.

그러나 또 다른, 더 중요한 차원의 진리가 있는데, 그것은 사실에 그치지 않고 궁극적으로 구원을 가져다주는 진리다. 이 구원에 이르는 진리는 하나님의 말씀에 근거한 진리다. 오직 하나님의 말씀으로서의 진리만이 창조적인 능력을 갖고 있고 구원을 일으키는 능력이 있다. 그 진리만이 우리에게 생명의 신비를 경험하게 한다. 누구든지 그 진리 안에 있으면 변화된다. 그 진리는 이렇듯 완전히 다른 차원의 능력을 말한다.

바로 이런 이유 때문에 우리는 사실적 진리와 하나님의 말씀으로서 구원에 이르는 진리를 분명히 구별해야 한다.

참되고 유일한 '그 진리'

'그 진리'라는 말은 진리의 유일성을 의미한다. 예수 그리스도 외에는 창조와 구원의 능력을 전할 이가 없기 때문이다. 하나님은 지극히 거룩하고 공의롭기 때문에, 감히 죄인이 하나님을 만날 수가 없다. 죄인인 인간은 죄의 대가를 치러야 한다. 죄의 심판인 하나님의 진노 아래 놓여 있기 때문이다. 오직 죄 사함을 통해서만 하나님의 영광과 은혜를 경험하게 된다. 그런데 예수님이 보여주신 진리 안에만 죄 사함의 권세와 능력이 있다. 그래서 말씀하신다. "나는 '그' 진리다."

스승과 두 제자가 어느 숲 속으로 화살을 쏘기 위해 들어갔다. 제자들이 화살을 재고 멀리 있는 과녁을 겨냥하고 있는데 스승이 묻는다. "무엇을 보느냐?" 첫 번째 제자가 말한다. "위를 보니 하늘에 구름이 있고, 밑을 보니 들판과 숲이 보입니다. 그 숲에는 수많은 종류의 나무들이 있고 열매가 있고 꽃이 있고 잎사귀가 있습니다. 그리고 내 앞에 과녁의 새빨간 테두리도 보입니다." 아주 장황하게 설명하는 제자에게 스승이 말했다. "활을 내려놓아라. 넌 쏠 자격이 없다. 준비가 되어 있지 않기 때문이다."

그리고는 두 번째 제자에게 똑같이 물었다. 그러자 두 번째 제자는 이렇게 대답한다. "오직 과녁 중앙에 있는 까만 점만 보입니다." "그러면 화살을 쏘아라." 스승의 분부대로 화살을 쏘니 과녁 정중앙에 화살이 꽂힌다.

그리스도인은 그 진리이신 예수 그리스도께 초점을 맞추어야 한다. 왜일까? "나는 그 진리다. 유일한 진리다"라고 주님께서 말씀하시기 때문이다. 이 진리를 믿고 알고 생각하며 살아가는 사람, 그가 그리스도인이다.

또한 예수님께서 제시하신 진리는 인격적이고 관계적이라는 점에서 중요하다. 그냥 단순한 사실에 머무르거나 마술적이거나 기계론적인 것이 아니다. 항상 인격적이고 관계적이다. 예수님께서는 "나를 믿으라", "나를 따르라"고 명령하시는데 이는 모두 예수님과의 인격적인 관계에서만 가능한 말씀이다. 그래서 요한복음 14장 15절에, "나를 사랑하면 나의 계명을 지키리라"고 말씀하신다. 말하자면 사랑하는 인격적인 관계를 맺어야만 그의 진리를 경험하는 것이다.

다시 말해서 진리를 경험하기 위해서는 사랑이 수반되어야 한다는 것이다. 사랑해야 진리를 알게 된다. 조선시대 문인 유한준이 남긴 이런 말이 있다. "사랑하면 알게 되고, 알게 되면 보이나니 그때 보이는 것은 전과 같지 않더라." 이처럼 예수님의 진리는 그분과의 인격적인 사랑의 관계를 통해서 알 수 있고 지킬 수 있는 것이다.

어느 결혼식에 하객들이 많이 참석하였다. 그래서 신랑신부가 기분이 좋아 내내 싱글벙글거렸다. 그 모습을 본 축하객들 중 한 부부가 데리고 온 꼬마 아이가 불쑥 엄마에게 묻는다. "엄마, 결혼이 뭐야?" 그러자 엄마는 웃으면서 아주 친절하게 설명해준다. "남자와 여자가 만나 사랑해서 함께 살기를 약속하고 이렇게 모든 사람들 앞에서 식을 올리는 것이 결혼이야. 이렇게 결혼을 하면 서로 사랑하고 용서하고 화해하고 위로해주고 덮어주고 도와주며 살게 되지." 그러자 아이가 고개를 갸우뚱하며 이렇게 물었다. "그럼 엄마아빠는 아직 결혼 안 한 거야?"

진리는 실천하고 순종할 때만 그 능력을 경험할 수 있는 것이다. 왜냐하면 그 진리는 항상 인격적이고 관계적이어서 우리의 반응을 요구하기 때문이다. 그래서 진리가 인격이라는 말은 우리에게 그 진리를 따르는 실천을 요구한다.

어느 학교 운동장이 번잡한 도로와 마주보고 있어서 늘 위험하였다. 운동장에서 노는 아이들을 보며 교사와 학부모들은 큰 사고가 나지 않을까 항상 불안해 하며 노심초사하였다고 한다. 그러던 어느 날 시당국이 학교 운동장과 도로를 구분하는 담을 쌓는 공사를 시작하였다. 생각해보자. 공사기간 동안에는 분명 불편할 것이다. 그러나 담이 완성되면 그 안에서 마음껏 뛰어 놀 수 있는 것이다. 마찬가지로 예수님의 진리를 듣고 배우고 순종하기까지는 불편하다. 그러나 그 진리를 알고 순종할 때 진리가 '자유하게 함을' 경험하게 된다. 이것이 하나님께서 우리에게 주시는 복된 길의 지혜다. 그래서 주님께서 말씀하신다. "나는 그 진리다."

'그 진리' 이신 예수 그리스도

여기서 우리는 '나는' 이라는 예수님의 말씀에 귀를 기울여야 한다. 이것은 예수님 자신을 가리키는 것이다. 이 말은 추상적이고 뜬구름 잡는 우주의 통치자, 만왕의 왕을 뜻하는 것이 아니다. 그런 것들은 신앙고백의 결과이고, 여기서 말씀하시는 '나는' 이란 인간이신 예수님을 지칭한다. 즉 성육신하신 예수, 역사적인 예수를 말한다. 지금 예수님께서는 십자가를 지기 전날 밤 죽음을 바라보며 우리와 같은 인간의 육체로 말씀하고 계신다. "나는 그 진리다." 이 의미를 바로 알 때 우리는 진리의 본질을 알게 되고 그 진리가 그리스도를 경험하게 하며 하나님을 경험하는 세계로 나가게 함을 발견한다. 그래서 말씀하신다. "나는 그 진리다."

신약성경은 복음서와 서신서로 이루어져 있다. 복음서란 역사적인 인간 예수님의 탄생으로부터 시작하여 부활까지의 사건을 기록한 것이다. 나머지 서신서는 그것을 포함하여 승천하셔서 온 우주를 다스리시는, 하나님 나라를 완성하시는 그리스도를 고백하며 기록한 것이다.

이 모든 것이 진리이지만 진리 중에 진리요, 진리의 핵심과 본질은 인간 예수다. 복음서에 나타난 성육신하신 예수님이시다. 그래서 요한복음 1장 14절은 말씀한다. "말씀이 육신이 되어……" 이것은 성육신하신 인간 예수를 말한다. "말씀이 육신이 되어 우리 가운데 거하시매 우리가 그의 영광을 보니 아버지의 독생자의 영광이요, 은혜와 진리가 충만하더라."

이 구절은 역사적 예수, 인간 예수에 초점을 맞추고 있다. 예수님을 전지전능한 분으로서가 아니라, 하나님이면서도 인간이 되어 말구유에 오셔서 십자가를 지고, 죄악 많은 세상에서 우리와 같은 삶을 사셨던 것을 말하고 있다. 바로 그 예수님에게 인격적으로 초점을 맞

출 때 진리의 깊은 신비를 체험하게 된다.

성지순례에 관한 재미있는 이야기가 있다. 성지순례객 일행이 갈릴리 호수에 도착했다. 그런데 가이드가 조그만 배로 갈릴리 호수를 건너는 데 무려 50불의 배삯을 내야 한다고 말한다. 너무 비싸다고 관광객이 한마디하자 가이드는, "역사적으로 유서 깊은 호수입니다." "그건 알지만 그래도 너무 비쌉니다." "예수님께서 물 위를 걸으신 역사적인 호수입니다. 결코 비싼 게 아닙니다." 그러자 관광객이 한숨을 내쉬며 이렇게 말했다고 한다. "그러면 그렇지. 배삯이 이렇게 비싸니 예수께서도 오죽했으면 걸어 가셨겠나!" 참 재미있는 이야기다.

우리는 복음서에 나타나는 인간인 예수님께서 하신 일들, 곧 물 위를 건너고, 오병이어의 기적을 일으키고, 죽은 자를 살리고, 그리고 무능력하게 십자가에 돌아가신 사건들을 얼마나 믿는가? 이 모든 사건을 그대로 알고 믿어야 한다. 이 하나하나의 사건사건들은 인격체이신 예수님께서 인간의 몸을 입고 역사상 행하신 일들이다. 역사적인 예수, 인간이신 예수 안에 진리의 본질이 있음을 선언하는 것이다.

더 나아가 우리가 믿는 예수님은 로마의 사형틀인 십자가에 달린 분이시다. 특별히 사도 바울은 이렇게 말한다. "내가 너희 중에 예수 그리스도와 그가 십자가에 못 박히신 것 외에는 아무것도 알지 아니하기로 작정하였음이라"(고전 2:2). 사도 바울은 십자가와 인간 예수, 그외에는 알지 않기로 결단했다. 왜일까? 우리와 같은 몸을 입고 오신 예수님, 그 예수를 통하여 하나님이 우리의 사정을 아시고 우리와 함께하셨고 우리로 진리에 이르게 하셨기 때문이다.

'그 진리' 안에서의 삶

하나님께 나아가는 길, 천국으로 나아가는 길, 하나님을 만나는 길, 오직 이 길이 바로 유일한 진리의 길이다. 그 진리를 알지 못하고 그 진리에 순종하지 못하면 그 길은 없는 것이다. 그 길과 그 진리는 절대적으로 연결되어 있다. 예수님께서 우리에게 이 진리를 깨우쳐 주기 위해 보내신 분이 바로 성령이시다. 그래서 요한복음 14장 17절을 보면 "그는 진리의 영이라"고 말씀하고 있다. 왜일까? 성령께서 그 길과 진리이신 예수님을 생각나게 하고 가르치시기 때문이다. 성령께서는 진리의 영으로 진리와 함께 인격적으로 우리 안에 역사하신다.

아프리카 탐험과 선교의 선구자인 데이비드 리빙스턴 David Livingstone 의 유명한 일화를 잘 알 것이다. 리빙스턴이 그의 사역을 다

끝내고 영국의 한 대학교에서 자기 모든 일에 대하여 증거하며 간증을 할 때 많은 학생들이 질문했다. "어떻게 그 많은 역경과 위험을 극복했습니까? 그 지혜를 좀 알려주십시오." 그때 그는 다음과 같은 감동적인 고백을 했다. "저는 언어가 통하지 않는 사람들, 저를 불신하는 사람들, 심지어 적대적인 사람들로부터 공격받고 괴로웠을 때…… 그래서 모든 것을 포기하고 싶었을 때마다 마태복음 28장 20절을 기억했습니다. '볼지어다 내가 세상 끝날까지 너희와 항상 함께 있으리라.' 이 진리가 내게 위로를 주고, 용기를 주고, 능력을 주었습니다." 그러면서 덧붙였다. "저는 이 영원한 진리에 일생을 걸었습니다. 지금 저는 이 말씀이 조금도 틀리지 않았다는 것을 증거하고 있는 것입니다." 유명한 간증이다.

주님께서 십자가를 지시기 전날 밤 그 십자가의 고통, 그 십자가의 수치, 그 십자가의 모든 죄악을 보면서도 제자들에게 말씀하신다. "근심하지 말라. 마음에 근심하지 말라." 왜 그러셨을까? 예수님께서 "내가 길이요 진리니라. 너희 아버지 집에 거할 곳이 많도다. 내 아버지 집에 너희도 함께 있게 하리라"고 말씀하신 것이 바로 진리이기 때문이다. 그의 말씀, 그의 삶 모든 것이 진리이기 때문이다.

예수님께서 우리와 같은 인간으로 이 땅에 오셨다. 예수님께서는 성령의 역사 가운데 자신이 진리이며 또한 하나님 아버지 집에 거할 곳이 많다는 말씀을 전해주셨다. 평안한 가운데 진리의 능력으로 오히려 제자들을 위로하신다. "마음에 근심하지 말라."

우리가 이 진리이신 예수님을 믿음으로 받아들일 때 구원의 능력을 체험할 수 있다. 이 진리 안에는 창조주 하나님의 우리를 지키시는 생명의 능력이 나타난다. 오늘도 주님께서 모든 인류를 향하여, 그리고 사랑하는 그리스도인을 향하여 말씀하신다.

"나는 그 진리다. I'm the truth."

그 생명이신 예수

 생명이란?

세계적인 베스트셀러 『모모』의 작가 미하엘 엔데는 어른들을 위한 동화를 많이 지었다. 그 중 「거울을 보지 않는 아이」라는 동화가 있는데 그 내용은 이렇다. 옛날에 한 아이가 있었는데 함께 놀 친구가 아무도 없었다. 오직 한 친구가 있었는데 바로 죽음이라는 친구다. 항상 좋은 것들을 아이에게 선물하는 이 죽음이라는 친구가 어느 날, 번쩍번쩍 빛나는 왕관을 아이에게 선물한다. 아이는 왕관을 쓰고 기뻐서 온 집안을 돌아다니며 뛰어 놀았다. 그때 방안에 있는 거울이 아이에게 말한다. "아이야, 나를 봐. 그리고 죽음이 네게 선

물한 것이 무엇인지를 잘 봐." 하지만 아이는 거울보기를 거부한다. 죽음이라는 친구가 거울을 보지 말라고 경고했기 때문이다. 조금 더 지나서 죽음은 또 다시 은으로 된 지팡이를 아이에게 선물한다. 아이는 지팡이를 갖고 뛰어놀며 기뻐했다. 다시 거울이 말했다. "아이야, 나를 봐. 내가 진실을 보여줄게." 그러나 아이는 거울을 보지 않는다. 얼마 후 죽음이라는 친구가 예쁜 빨간구두 한 켤레를 아이에게 선물한다. 아이는 그 신을 신고, 방안을 뛰어다니면서 춤추고 노래하며 좋아했다. 거울이 간곡히 말한다. "아이야, 죽음을 조심해. 죽음은 너를 파괴하고 말 거야." 이 말을 들은 아이는 처음으로 두려움에 사로잡혔다. 그리고 딱 한번만 거울을 봐야겠다며 거울을 본다. 그리고 거울이 아이에게 진실을 보여준다. 거울을 보니 왕관은 썩은 나뭇가지로 만든 것이었고, 은 지팡이는 마른 뼈다귀에 불과했다. 구두는 진흙 덩어리일 뿐이었고, 거울에 비친 아이의 얼굴은 마른 해골뿐이었다. 아이는 너무나 깜짝 놀라 그만 심장이 멈추어버리고 말았다.

  엔데는 이야기 속의 아이를 통해서 인간의 삶이 얼마나 허황된 것을 좇고 추구하며 사는지를 보여주고 있다. 왕관, 지팡이, 구두는 우리 눈에는 좋은 것이요 아름다운 것이지만, 죽음의 순간이 다가와 우리가 삶의 진실을 돌아볼 때 아무것도 아닌 것이다. 그야말로 썩어질 것이요, 무익한 것이다. 그런데 아이러니한 것은 우리가 이런 사실을 알면서도 진실을 보여주는 거울을 거부한다는 사실이다. 과연 우리는 얼마나 진실을 마주하며 인생을 살고 있는가?

그리스도인은 다름 아닌 인생의 진실을 알며 살아가는 자들이다. 더욱이 그리스도인은 죽음으로 향한 삶을 살지 않는다. 그리스도인은 그 삶을 넘어 생명으로 향한 삶을 살고 있는 존재다. 그 안에 진실과 지혜와 영광이 있다. 예수님께서 말씀하신다. "내가 곧 길이요 진리요 생명이다." 예수님의 길은 예수님의 진리로 이루어지며, 예수님의 생명으로 완성되는 것이다. 동시에 그 예수님의 생명을 얻어야만 그 길을 살아갈 수 있고 그 진리에 순종하며 그 능력을 체험할 수 있는 것이다. 예수님께서 말씀하신다. "나는 그 생명이다. I'm the life."

인간은 모두 세 가지 차원의 생명을 소유하며 살아간다. 첫째는 육체적 생명이다. 인간은 흙으로 만들어진 존재다. 죽으면 흙으로 돌아가 썩고 만다. 이렇듯 인간은 시간의 한계 안에 살아가는 존재다. 둘째는 정신적 생명이다. 이것은 양심과 도덕적 생명이다. 지정의(知情意)적인 생명을 말한다. 끝으로 인간이 가진 또 다른 차원의 생명은 영적 생명이다. 이것은 하나님과 바른 관계를 맺을 때만 존재하는 생명이다. 죄가 있으면 이 생명은 없어진다. 불의와 불경건 속에서 그 생명은 생명력을 잃어간다. 오직 하나님의 의와 거룩함으로 창조되는 생명이 영적 생명이다.

부활 생명, '그 생명'

하지만 성경은 이 세 가지 생명을 초월한 완성된 생명을 선포하고 있다. 그것은 부활 생명이다. 부활 생명은 영원한 생명으로 하나님께서 함께 거하시는 생명이다. 이것을 다른 말로는 영생이라고 한다. 신적 생명인 것이다. 그런데 예수님께서 말씀하신다. "나는 그 생명이다." 이것이 바로 부활 생명이다. 하나님께서 사시는 영원한 생명이 바로 예수 그리스도 안에 있다는 것이다.

우리 모두는 행복하고 성공적인 삶을 살기 원한다. 그러나 우리가 생명의 의미와 목적이 어디로부터 오는지 모른다면 그 행복과 성공은 헛된 것이다. 한번 생각해보자. 아무리 많은 부와 명예와 건강을 지녔어도 생명이 없으면 아무것도 아니다. 그야말로 허무하기 짝이 없다. 무엇이 정말로 소중한 것인가? 생명의 문제를 해결하고, 생명에 관한 참된 지식을 소유한 자가 복된 삶을 살아간다. 예수님께서 "나는 그 생명이다"라고 하신 것은 부활 생명을 의미하는 것이다. 부활의 사건은 역사적인 사건으로 단 한번 있었던 사건이다. 단 한 사람만 체험한 사건이다. 그러나 그것은 하나님이 계시하신 진리의 최종 증거다. 이 부활의 시나리오는 100% 하나님의 지혜와 능력으로 이루어진 사건이다. 인간의 지혜와 능력, 경험으로 판단되고 이해될 수 있는 것이 아니다.

바로 여기에 딜레마가 있다. 사람은 자기에게 이해되는 것, 판단되는 것에 집중하고 관심을 갖는다. 이해를 떠나면 남의 일이라고 막연히 생각하는 경향이 있다. 그래서 실존적으로 경험하지 못한다. 이 때

문에 오늘날 불신앙인은 물론이고 그리스도인조차도 이 부활 생명에 대해서 부활절 구호를 넘어서는 경험을 갖지 못하고 있다. 다시 말하면 일상생활에서는 이 부활 생명과 무관하게 살아가는 것이다. 그럴 때 부활은 마치 신화처럼 존재할 뿐이다. 여기에 인생의 비극이 있다.

부활 생명이란

영성신학자 유진 피터슨이 쓴 『부활』이라는 책이 있다. 이 책에서 저자는 부활 생명에 대한 역사적 진술 몇 가지를 언급하고 있다. 첫

째는 이 사건 이전에도 부활에 대한 많은 암시나 추측이 있었다는 것이다. 성경에서 그것을 보여준다. 그러나 중요한 것은 그렇게 많은 지식과 암시가 있음에도 불구하고, 정작 부활이 있을 때에는 아무도 깨닫지 못했다는 사실이다. 바리새인들과 제사장들도 부활을 믿었다. 그러나 부활 사건이 일어났을 때 아무 반응이 없었다. 두 번째는 부활 사건을 위해 사전에 무언가를 준비한 사람이 아무도 없다는 것이다. 이 부활을 유도하기 위해, 일으키기 위해서 어떤 전문가가 준비를 했다는 말이 없다. 부활은 어느 날 갑자기 일어난 것이다. 이것은 무엇을 뜻하는가? 인간의 지혜, 능력, 경험으로는 도무지 판단할 수 없다는 뜻이다. 세 번째는 당시 사회적으로 보잘것없는 주변인물들이 부활을 깨닫고 이에 응답하는 데 매우 두드러진 역할을 했다는 점이다. 이 점이 매우 중요하다. 4복음서에 유일한 부활의 증인은 막달라 마리아뿐이다. 그녀는 당시에 지위와 명성을 가진 사람도 아니요, 예수님의 제자도 아니었다. 누구도 생각하지 못했던 죄인 중에 죄인인 한 소외된 여성이 최초의 증인이었던 것이다. 오늘도 세상은 눈에 보이는 영광과 지위, 명예를 중시하지만 하나님은 그곳에 계시지 않는다. 네 번째는 부활이 광고도 없고 보는 사람도 없는 아주 조용한 곳에서 조용히 일어났다는 것이다. 오늘날은 교회나 교회 집회에 대한 광고가 너무 많다. 널리 알리고자 하는 의도는 알지만 그것은 하나님께서 기뻐하시는 방법이 아니다. 부활이라는 초유의 하나님의 능력의 현현은 조용한 곳에서 일어났다는 것을 기억해야 한다. 부활 당시 그 조용한 무덤가에서 몇몇 로마인들이 목격했다. 그나마 그들은 보고 기절해버렸다. 오늘도 인간의 이해와 관심을 벗어난 조용한 곳에서 하나님은 역사하신다.

마지막으로 부활 속에서 관찰할 수 있는 요소는 두려움이다. 4복음서를 통해 부활에 대한 증거를 살펴보면 여섯 번씩이나 두려움이라는 단어가 사용되고 있음을 알 수 있다. 이에 관해 유진 피터슨은 이렇게 해석한다. "우리는 갑자기 뜻밖에 일을 당하여 어찌할 바를 모를 때 두려움을 느낀다. 그것은 방향감각의 상실이다." 우리의 예상과 다르고, 우리의 예상을 초월하는 바로 그곳에 두려움이라는 것이 생기기 마련이다. 그런데 바로 그곳에서 하나님께서 역사하신다. 우리는 얼마나 많이 부활의 사건, 부활의 생명에 대한 두려움을 경험하며 살고 있는가? 부활 생명, 그 생명을 오늘도 믿고 인식한다면 당연히 우리의 마음에는 경외가 일어난다. 환희가 있고, 능력을 보게 된다. 그 속에서 우리는 하나님의 함께하심을 경험하게 되는 것이다.

그런데 오늘 이 시대는 이 부활 생명에 대한 경외, 경이, 기쁨을 잃어버렸다. 여기에 이 시대의 불행과 좌절과 비극이 있다. 부활은 하나님의 약속과 사랑의 최종적인 증거다. 하나님께 속한 것은 무엇이든지 멸망하지 않고 영원하다는 것을 계시하는 최종 증거인 것이다. 특별히 사랑에 대해서 그렇다. 하나님의 사랑은 영원하고 그 안에 생명이 있다는 것을 계시한 것이다. 그래서 예수님께서 부활하고 나서 그 부활 생명을 지니신 몸으로 아주 소수의 사람들만을 만난다. 그들이 누구인가? 예수님을 사랑한 자들이다. 오직 예수님을 사랑한 자, 그 사랑 안에 새로운 생명이 있음을 믿고 기대하는 그들에게 나타나셨다. 오늘도 이와 같이 역사하시며 그 안에 하늘의 신비, 감격, 놀람으로 가득 차게 성령께서 역사하신다.

부활 생명을 사는 그리스도인

최후의 계시요, 능력인 이 부활 사건에 대해 고린도전서 15장은 분명하게 말씀한다. "부활이 없다면 그야말로 성경은 아무것도 아니다. 믿음도 아무것도 아니다. 예수 그리스도와 하나님을 증거하는 너희도 거짓 증인이다." 그러니 어찌 이 부활 생명을 한시라도 기억하지 않을 수가 있겠는가? 부활 생명은 죽음 이후 천국에서 완성된다. 그래서 예수님께서 "내 아버지 집에 거할 곳이 많도다. 내가 가서 예비하고 다시 와서 너희를 나 있는 곳에 있게 하리라"고 말씀하신 것이다. 완성된 천국, 사후의 천국을 말씀하고 계시는 것이다.

여기까지는 예수를 그리스도로 고백하는 사람들에게 별 문제가 없다. 그런데 문제는 이 부활 생명은 오늘을 사는 생명이라는 점에 있다. '나는 그 생명이다. 이 생명을 갖고 오늘을 살아라. 하나님 나라의 생명을 살아라. 하나님 사시는 생명으로 하나님을 경험하라.' 그래서 부활 생명을 주신 것이다. 그런데 부활 생명이 있는 것을 알고, 부활 사건도 고백하지만, 여전히 죽음으로 향하는 그 생명으로 오늘을 살아간다는 데에 우리의 문제가 있는 것이다. 걱정, 근심, 불안, 좌절, 고통, 원망, 불평 이 모든 것이 바로 죽음으로 향한 생명 안에 있는 것이다. 그러나 부활 생명에는 영원한 소망이 있다. 기쁨이 있다. 경이가 있다. 하나님의 역사에 대한 기대가 있다. 이러한 길을 알고 그 생명을 따라 살아가면서, 지혜를 체험하고 감격하게 된다. 새 생명의 역사가 임하는 것이다.

우리는 얼마나 이렇게 부활 생명을 바라보고 증거하며 살았는가? 문제는 이미 그리스도인인 내가 부활 생명을 인식하지 못한다는 사실이다. 구원받은 자는 부활 생명으로 사는 자다. 오늘 그 생명으로 살고 그 생명 안에 산다. 이것을 믿는 것이 믿음이요, 그 믿음을 가진 자가 복이 있다. 하나님께서 복을 주고 하나님의 뜻을 이루신다. 그 부활 생명을 증거하도록 역사하신다. 이 부활 생명을 체험하고 살아가며 고백한 위대한 사도 바울의 간증을 들어 보자. 그는 갈라디아서 2장 20절에서 고백한다. "내가 그리스도와 함께 십자가에 못 박혔나니 그런즉 이제는 내가 사는 것이 아니요 오직 내 안에 그리스도께서 사시는 것이라." 그의 고백 속에는 그리스도의 생명이 자신 안에 있다는 것에 대한 강조가 넘친다.

예수님께서는 요한복음 14장에서 말씀을 주실 때, 성령의 역사에 대해 말씀하고 곧바로 요한복음 15장에서 이렇게 말씀하신다. "나는 포도나무요 너희는 가지라." 가지가 어떻게 포도나무를 떠나서 살아갈 수 있는가? 나무의 생명을 공급받아야 가지는 살아갈 수 있다. 주님께서는 부활 생명을 공급받아 살아갈 때 많은 열매를 맺으리라고 말씀하신다. 그리고 우리가 세상을 살아가면서 이런 부활 생명을 느끼고, 깨닫고, 인식하며, 그 안에서 살라고 주님께서 주신 은혜의 방편이 있다. 그것이 교회다. 교회는 그리스도의 통치를, 그리스도의 왕되심을 주장하는 곳이다. 부활하신 주님, 그 부활 생명, 그 본체가 계신 곳이 교회다. 교인이란 그 생명의 공동체에 소속된 자들이다. 더 나아가 주님은 우리에게 주일이라는 것을 주셨다. 주일이 무엇인

오늘도 주님께서 부활 생명을 소유한 자의 감격과 경이와
환희 속에 오늘을 살아가기를 주의 자녀들에게 명하신다.

가? 예수님께서 부활하신 날이다. 그 이전에는 안식일, 즉 토요일을 지켰다. 그러나 예수님의 부활 이후 예수님의 부활 생명과 그날을 기념하는 것이 주일이다. 주일을 통해서 그 생명을 정기적으로 회복하고자 주께서 정하고 우리에게 주신 날이 주일이다. 부활하신 주님의 생명을 믿으며 감격하며, 그 거룩함을 경외하며 주님을 찬양한다. 이것이 예배다. 더 나아가서 주님께서는 성도의 교제를 명하셨다. 이처럼 부활 생명은 부활 생명끼리 만나야 한다. 서로 부활 생명을 확인하는 것이다. 이것은 곧 부활 생명을 소유한 것을 확인하고, 부활 생명의 삶을 훈련하는 것이다. 이것이 성도의 공동체다. 혼자서는 어림도 없다. 이것은 하나님께서 정하신 부활 생명의 법칙이다.

미국 남북전쟁 때의 일이다. 한 병사가 보초근무를 하는데 피곤한 나머지 그만 깜빡 잠이 들었다. 전시상황에 보초의 임무를 다하지 못하고 잠자는 것은 사형 죄에 해당한다. 그런데 마침 최전선을 시찰하던 최고사령관 링컨 대통령이 그것을 보았다. 참으로 어이가 없는 일을 목격한 링컨은 그러나 아무 말 없이 보초가 내려놓은 총을 들고 대신 보초를 섰다. 조금 있다가 깨어난 병사가 얼마나 놀랐겠는가? 자기가 깜빡 졸았다는 것에 놀라고, 게다가 누군가가 대신 보초를 서고 있다는 것에 놀라고, 더욱 더 놀란 건 대신 보초를 선 사람이 다름 아닌 최고사령관이었다면! 그 병사가 '이제는 죽었구나' 싶어 아찔해 하고 있을 때 링컨 대통령이 유명한 말을 남겼다. "자네는 오늘의 과오로 이미 죽은 사람이야. 이제부터 자네는 나의 생명을 살아야 하네." 이에 병사가 감격하여 눈물을 흘리며 고백한다. "각하, 저는 이미 죽은 목숨입니다. 이제부터 제 생명이 아니라 대통령 각하의 생명이므로 각하의 뜻대로 살겠습니다." 그 병사는 죽을 자리에서 링컨 대통령을 만나 인생의 의미와 목적이 완전히 바뀌어 버렸다.

그리스도인은 십자가에서 예수 그리스도와 함께 못 박혀 죽었다고 고백하는 자다. 그리고 부활하신 예수 그리스도의 생명으로 다시 사는 자다. 그래서 매일매일 부활 생명으로 살아가기에 새로운 용기를 얻는다. 그 생명을 가졌기에 지혜가 있고, 권능이 있고, 권세가 있다. 세상은 그들을 그리스도인이라 부른다. 오늘도 주님께서 부활 생명을 소유한 자의 감격과 경이와 환희 속에 오늘을 살아가기를 주의 자녀들에게 명하신다. 여기에 참 평안과 능력과 영광이 있는 것이다. 그래서 오늘도 주님께서 말씀하신다. "나는 그 생명이다. 나는 부활 생명이다. 이 부활 생명으로 하나님 나라의 삶을 살아라."

제2부 그 길을 어떻게 갈 것인가

아브라함의 길

 성공적인 삶의 비결

1848년 아일랜드 독립을 위한 무장 봉기를 일으켰던 주역들의 후일담이 『풍요로운 삶』Abundant Living 이라는 잡지에 소개된 적이 있다. 이 폭동에 참여했다가 주모자로 발각되어 체포된 사람들은 영국 빅토리아 여왕에 대한 반역죄로 법정에 서게 되었고 결국 사형선고를 받게 된다. 그런데 그 판결에 항의하는 시위가 세계 각국에서 격렬하게 일어났고, 결국 영국 정부는 그들을 사형 대신 호주로 추방한다. 그 당시 호주는 러시아에서 죄인들을 추방하는 장소였던 시베리아처럼, 영국에서 범죄자들을 유배시켰던 장소였다. 그 후 수십 년이

흐른 1874년, 빅토리아 여왕은 호주 총리로 선출된 찰스 더피가 다름 아닌 26년 전 반역죄로 추방되었던 찰스 더피와 동일인이라는 사실을 알고 깜짝 놀라게 된다. 그래서 당시 함께 추방되었던 다른 8명의 행적도 조사를 했는데 그 결과는 참으로 놀라웠다. 패트릭 도너휴와 맥매스너라는 인물은 미국의 육군 장성이 되었고, 모리스 리넨은 호주의 법무장관이 되었다. 마이클 아일랜드는 리넨의 뒤를 이어 호주의 법무장관이 되었고, 토마스 맥기는 캐나다의 농림부 장관, 토마스 미거는 미국 몬태나의 주지사로 선출되었다. 또 존 미첼은 미국 뉴욕에서 활동하는 유명한 정치인이 되었고, 그의 아들 퓨로이 미첼은 뉴욕 시장으로 선출되었다. 리처드 오거먼은 캐나다 뉴펀들랜드 주의 주지사가 되었다. 얼마나 놀라운 일인가!

성공적인 삶의 비결은 환경에 있지 않다. 좋은 환경이든 나쁜 환경이든 그 안에서 삶의 지혜를 깨닫고 실천하는 것이 중요하다. 시련은 누구에게나 항상 있게 마련이다. 문제는 그 시련을 통해서 지혜를 얻느냐 혹은 그 시련 속에 갇히느냐 하는 것이다. 사람은 시련을 통해 깨달은 지혜를 믿고 실천하며 살아갈 때 성공적인 삶을 살며 창조적인 미래를 경험하게 된다. 그런데 이 비결이 곧 성경이 가르치는 지혜다.

진정한 복이란 환경이 아닌 그 사람에게 달린 문제다. 내적인 요인, 즉 마음이 복을 받을 만한 사람이 되어 복을 받는 것이다. 또한 진정한 복은 현재의 복만을 뜻하지 않는다. 현재와 동시에 미래적인 복도 받아야 한다. 세상은 순간적인 현재의 복만을 우리에게 준다고 유혹한다. 그러나 하나님께서는 현재를 넘어 영원한 복을 하나님의 사람에게 주신다. 그 사실을 우리는 잊지 말아야 한다.

창세기 22장 17절에 하나님께서 위대한 선언을 하신다. 하나님께서 허락하실 큰 복의 말씀을 모든 사람에게 선언하고 계신다. "내가 네게 큰 복을 주리라." 물론 이 말씀은 믿음의 조상 아브라함에게 주신 말씀이다. 하지만 동시에 아브라함과 같은 믿음을 가진 모든 하나님의 사람에게 주시는 하나님의 말씀이기도 하다. 문제는 깨달음이요, 그 사실을 믿는가 하는 믿음이다. 그 믿음이 하나님께서 인정할 만한 믿음이어야 한다. 믿음의 대상과 믿음의 내용이 하나님의 마음과 하나님의 진리와 일치해야 한다. 그 믿음으로 복을 받는 것이다. 하지만 믿음은 하나님의 은혜와 복을 받는 수단이요, 통로일 뿐이다. 그래서 항상 기억해야 한다. 믿음 그 자체에는 아무런 힘이 없다. 믿음의 행위조차도 하나님께서 복 주실 만한 대단한 무엇이 아니다. 능력은 하나님께 있는 것이다. 우리는 믿음으로 구원받는다고 말하지만, 실상 구원시키는 능력은 사람의 믿음 자체가 아니라 구원시키는 자, 곧 예수 그리스도와 하나님께 있는 것이다. 믿음은 단지 통로일 뿐이다. 하지만 믿음이 통로이기 때문에 그 믿음이 없으면 하나님의 능력과 지혜가 나와 아무 상관이 없게 된다. 믿음으로 말미암아 하나님의 것이 내 것이 된다. 믿음으로 인해 하나님의 생명이 내 생명이 된다. 따라서 성도에게는 믿음이 늘 자라나야 한다.

시험을 통한 믿음의 성장

이 믿음을 자라나게 하기 위해 하나님이 쓰시는 가장 효과적인 방법 중 하나는 시험이다. 우리는 보통 우리의 삶에 시험이 없게 해달라고 기도하지만 오히려 하나님께서는 그 시험을 통해서 우리의 믿음을 자라나게 하신다. 그런데 그 시험은 항상 우리의 선택과 희생을 요구한다. 우리의 결단과 희생, 수고를 필요로 한다. 하나님이 어떤 분인지를 알면 왜 우리 인생에 시험을 주시는지 분명히 알 수 있다. 시험의 목적은 하나다. 우리에게 복을 주시기 위해서다. 시험은 하나님의 사람으로 복 받을 만한 존재로 새롭게 창조하기 위해서 하나님께서 사용하시는 인격적인 지혜요, 방법이다.

하나님께서는 복을 감당할 만한 능력을, 바로 이 시험을 통해서 주신다. 한번 생각해보자. 어떤 사람이 무척 건강하다. 그런데 이 건강을 감당하지 못하면 건강이 도리어 죄를 짓게 만든다. 건강이 그를 방탕하게 한다. 물질도 마찬가지다. 물질은 하나님께서 주신 좋은 것이다. 그러나 그 물질을 감당할 사람에게나 좋은 것이지 감당하지 못하면 도리어 물질 때문에 타락하게 된다. 신앙을 다 잃어버리게 된다. 물질만 의존하고 살아가기 때문에 결국 멸망에 이르게 된다. 명예도 인기도 권력도 지식도 감당할 만할 때에 복이 되는 것이다. 그래서 하나님께서는 하나님이 주시는 복을 감당할 만한 인격과 감당할 만한 능력을 주기 위해서 우리를 시험하신다.

지금 우리나라에 로또가 선풍적인 인기를 끌고 있다. 미국의 로또가 한국에 들어온 것인데, 미국에서 주는 로또 상금은 한국과는 비교도 안될 만큼 엄청나게 큰 액수다. 1등 당첨금이 수백억이다. 그런데 계속 나오는 기사를 보면, 로또로 부자된 사람들 중 단 한 사람도 행복한 사람이 없다고 한다. 10년만 지나면 그 수백억이 다 사라지고 가정이 파괴되며 폐인으로 전락하는 인생이 되고 만다. 왜 이런 일이 일어나는가? 분명한 것은 갑작스럽게 얻은 그 거금을 감당할 만한 능력이 없어서다. 그래서 감당할 수 없는 복은 복이 아니라 화(禍)다.

하나님의 신비가 여기에 있다. 하나님께서는 우리를 계속해서 시험하고 훈련시키시면서 우리에게 감당할 만한 능력을 키워주신다. 그래서 이 시험은 인생을 통해 반복되는 것이다. 한번 큰 시험을 받았다고 끝나는 것이 아니다. 성경이 이를 증거한다. 그리고 그 시험 안에는 하나님의 지혜로운 준비와 계획이 있다. 우리가 온전한 믿음을 가질 때까지, 하나님께서 주시는 것이 진정한 복이 되고 영광이 될 때까지, 우리가 그 복을 온전하게 감당할 만한 능력을 갖출 때까지 그 시험은 계속된다. 그것이 그리스도인의 삶이요, 오늘 우리의 인생이다.

믿음의 조상 아브라함은 175세까지 살았다. 그러니 그 세월 동안 얼마나 많은 시험을 겪었겠는가? 그 대표적인 시험들이 성경에 기록되어 있는데, 17개 정도다. 물론 아브라함 생애에 아주 큰 사건만 기록한 것이다. 그런데 믿음의 조상인 아브라함도 때로는 시험에 실패하고 휘청거렸다. 그러나 아브라함은 끝내 시험을 이기고 시험을 통해 하나님의 지혜를 얻어 믿음의 사람이 된다. 아브라함 생애에 최대의 시험은 무엇이었을까? 그것은 모리아 산에 가서 100세에 얻은 약속의 아들 이삭을 번제로 바치라는 명령이다. 그 사건을 기록한 창세기 22장은 이렇게 시작하고 있다. "하나님이 아브라함을 시험하시려고……." 하나님께서 아브라함을 시험하셨는데, 그 목적은 사실 복

시험은 하나님의 지혜요, 하나님의 방법이다.
오늘도 하나님께서는 이와 같이 역사하신다.

을 주기 위해서, 그의 믿음을 키우기 위해서다. 그런데 하나님께서 시험하시는 내용이 하필이면 천신만고 끝에 기적같이 얻은 아들 이삭을 번제로 바치라는 것이었다. 아브라함이 100세에 얻은 약속의 아들, 그 유일한 아들을 바치라니…… 아브라함에게 있어서 이삭은 그 어떤 명예나 재산보다 더 소중하고 귀한 존재였다. 그런 이삭을 죽여서 제물로 바치라는 것은, 한마디로 감당할 수 없는 사건이다. 한번 우리 자신에게 적용해보자. 하나님께서 나에게 이런 요구를 하신다면, 이런 하나님의 말씀을 듣는다면 과연 우리는 그런 하나님을 이해할 수 있을까? 이성적으로 받아들일 수 있을까? 시험은 그런 것이다. 우리 생각에 감당할 수 없는 사건, 깜짝 놀랄 만한 사건이 시험이다.

그런데 더 놀라운 것이 있다. 성경을 자세히 살펴보면 하나님의 이런 천부당만부당한 말씀에 놀라는 사람이 아무도 없다는 것이다. 그 사건을 읽는 우리만 놀랄 뿐이다. 우리는 "아니 하나님께서 어쩌면 이럴 수가 있느냐?"고 따질 것이다. 그런데 아브라함과 이삭은 놀라지 않는다. 성경은 이들의 반응을 아주 단순하게 기술한다. 그들이 말씀대로 순종했다고 기술하고 있다. 이 사건 이전에는 아브라함도 여러 시험에 휘청거렸다. 그러나 수많은 사건들을 경험하며 자신의 삶을 믿음으로 바라보니 그것들이 그리 놀랄 일이 아닌 것을 아브라함은 깨닫게 되었다. 그가 시험을 통해 경험한 하나님은 창조의 하나님이요, 역사의 주인이요, 전지전능하신 하나님이었다. 그러니 아브라함으로서는 그런 분께서 하신 말씀에 이제 더 이상 놀랄 이유가 없는 것이다. 그것이 아브라함의 믿음이었다. 그래서 무슨 말씀에나 믿음으로 순종할 수 있었다. 그리고 아브라함은 이삭의 시험을 통해서 하나님으로부터 인정을 받는다. 하나님께서 아브라함에게 말씀하신다. "네게 큰 복을 주리라." 그리고 아브라함은 믿음의 조상이요, 복의 근원이 된다.

시험, 하나님의 지혜

우리는 아브라함이 겪었던 이 믿음의 과정을 항상 기억해야 한다. 시험은 하나님의 지혜요, 하나님의 방법이다. 오늘도 하나님께서는 이와 같이 역사하신다. 그래서 우리는 항상 자신을 점검해야 한다. 하나님께서 우리를 시험하는 목적은 인생에 대한 우리의 주권을 내려놓게 하기 위해서다. 그리고 오직 하나님의 주권과 그의 나라와 그의 의를 전적으로 수용하는 삶으로 변화시키기를 원하신다. 그 결과 내 스스로 무엇인가를 획득하고 차지하겠다는 소유 중심의 삶에서,

하나님이 인도하시는 길을 수용하는 존재 중심의 삶으로 변화되는 것이다. 이렇게 성숙된 삶으로 변화되기 위해 시험이 필요하다. 그래서 야고보서 1장 2절은 말한다. "시험을 당하거든 온전히 기쁘게 여기라." 이것이 믿음의 사람이 가져야 하는 세계관이다.

  그런데 아브라함이 이삭을 바치는 사건에 대해 자칫 오해하고 그릇되게 해석할 수 있다. 그것은 아브라함처럼 가장 아끼고 사랑하는 자녀까지도 아끼지 않고 바치면 복을 받는다는 식의 해석이다. 물론 영적으로 보지 않고 문맥적으로 보면 그 말이 옳은 것처럼 들린다. 그러나 하나님께서는 인간과 그런 식으로 거래를 하는 분이 아니시다. 그건 다른 일반종교에서나 말하는 것이다. 종교들은 이렇게 말한다. '헌신한 행위를 통해서 복을 받는다. 그러니 바치고 헌신해라.' '선행하면 하나님께서 복을 주신다.' 그러나 이런 논리는 가짜 복음이다. 종교집단일 뿐 하나님의 교회가 아니다. 하나님의 은혜는 값없이 믿는 자에게 주어지는 은혜다. 죄인임에도, 의롭지 아니함에도, 경건하지 않음에도 불구하고 하나님께서 믿음으로 의롭다고 하시는 것이다. 그리고 복을 주신다. 이것이 우리가 믿는 성경적인 믿음의 본질이고, 이 믿음이 핵심이다. 헌신과 순종은 믿음의 외적 표현일 뿐이다. 아무리 바쳐도 그 안에 믿음이 없으면, 하나님께서 인정하시는 깨끗한 믿음이 없으면 복을 받지 못한다. 우리 믿음의 분량만큼 하나님께서 복을 주시는 것이다.

우리가 헌금을 바치고, 시간을 드려 하나님께 헌신한다. 그런데 헌금을 바치고, 시간을 쪼개어 봉사하였기 때문에 이제 하나님의 복을 그에 비례해서 얼마만큼 받을 것이라는 생각은 잘못된 신앙에서 비롯된 것이다. 하나님께서 보시는 것은 믿음이다. 믿음은 나중에 있을 보상을 계산하고 투자하는 것이 아니라, 당장 손해볼 것 같고 좋은 결과를 장담할 수 없어도 하나님께서 주관하시는 인생은 복된 삶임을 그대로 받아들이는 것이다. 하나님께서는 이와 같이 믿음의 중심을 보고 판단하신다.

로마서 4장을 보면 아브라함의 이야기가 전체에 걸쳐 나온다. 그 말씀을 읽으며 놀라게 되는 것은 아브라함의 믿음을 언급하는 처음부터 끝까지 헌신이라는 말이 없다는 사실이다. 모두 믿음으로 표현되어 있다. 그것도 수십 번이 넘게, "믿음으로, 믿음으로, 믿음으로." 아브라함이 하나님께 복을 받았다는 것은 믿음의 사건이다. 히브리서 11장에도 아브라함의 사건을 기록하고 있다. 네 번에 걸쳐서 아브라함의 믿음을 말한다. 성도의 삶에는 헌신보다 믿음이 우선이다. 행위 중심에 내가 바친다는 공로의식이나 헌신이 아닌 하나님에 대한 신뢰가 자리 잡고 있어야 한다. 그것이 믿음이다. 그럴 때 하나님께서 기뻐하고 큰 복을 주신다. 그리고 창세기 24장에 보면 이런 말씀이 있다. "여호와께서 그의 범사에 복을 주셨더라." 엄청난 말씀이다. 특별한 때가 아니고 범사에, 모든 일에 복을 주셨다고 하신다. 왜일까? 하나님께서 약속하셨기 때문이다. "네게 큰 복을 주리라." 그의 삶을 통해 그 약속이 이루어져 간다. 그만한 믿음, 복을 받을 만한 믿음, 하나님의 은혜를 감당할 만한 믿음이 아브라함에게는 있었기 때문이다.

믿음의 길

인도에 있었던 이야기다. 왕이 어느 날 거리에서 구걸을 하는 거지를 보게 된다. 그 거지가 왕인 줄 알아보고 뛰어와서 무릎 꿇고 구걸을 한다. 그런데 임금님이 거절한다. 그리고 이렇게 말한다. "먼저 네가 내게 무엇을 주면 나도 네게 줄 것이다." 그러자 거지가 주머니를 뒤지더니 강냉이 두 알을 내민다. "이것밖에 없습니다." 사실 그의 주머니 가득 강냉이가 들어 있었지만, 아까워서 두 알만 내놓은 것이다. 강냉이 두 알을 받은 왕이 신하에게 말한다. "여봐라, 저 자가 준 만큼 저 자에게 금덩어리를 주거라." 그래서 강냉이 알만한 금덩이 두 개만 받는다. 물론 금덩이를 거저 받은 것도 감사하겠지만, 얼마나 후회하였을까? 그가 이렇게 탄식했다. "왜 강냉이 두 알만 드렸을까?" 우리의 믿음의 양과 믿음의 질은 얼마나 될까? 하나님을 온전히 신뢰하는 우리의 믿음이 얼마나 클까? 믿음은 하나님의 지혜요, 우리에게 복을 주시는 방법이다.

영성신학자 유진 피터슨의 말에 성경적인 지혜가 담겨 있다. "믿음은 보이는 것과 보이지 않는 것을 결합하는 일이다." 그렇다. 하나님은 보이지 않는다. 그의 약속도 보이지 않는다. 그의 지혜와 능력도 보이지 않는다. 그가 주시는 복도 보이지 않는다. 그러나 이 모든 것을 믿음으로 이 땅에 실현시키고 구체화하는 사람이 하나님의 사람이다. 이것이 하나님의 약속이요, 하나님의 방법이다. 하나님의 보이지 않는 영광과 그 풍요로움이 이 땅에 믿는 자를 통해서 역사하는 것이며, 예수 그리스도의 길을 걷는 자들은 그 실체를 증거하는 것이다.

그리스도인은 믿음의 길, 믿음의 진리, 믿음의 생명으로 이 시대를 살아가며 하나님께 복을 받는 존재다. 오늘도 하나님께서는 믿음의 사람에게 분명히 말씀하신다. "내가 네게 큰 복을 주리라. 내가 네 믿음 위에 큰 복을 주리라." 이것이 복음이다.

우리의 믿음의 양과 믿음의 질은 얼마나 될까?
하나님을 온전히 신뢰하는 우리의 믿음이 얼마나 클까?
믿음은 하나님의 지혜요, 우리에게 복을 주시는 방법이다.

다윗의 길

 복 받은 사람, 다윗

성경 전체에서 가장 복 받은 사람을 꼽으라면 아브라함과 다윗이 될 것이다. 신약성경은 두 사람의 이름과 함께 이렇게 시작한다. "아브라함과 다윗의 자손 예수 그리스도의 계보라." 그만큼 이 두 사람이 성경에서 중요한 인물이다. 아브라함은 모든 믿는 자의 조상이었고 복의 근원이 된 인물이다. 다윗은 이스라엘의 왕으로서 자신의 당대뿐 아니라 자손들에 이르기까지 수백 년에 걸쳐서 왕의 대명사로 기억된다. 더욱이 그를 일컬어 예수 그리스도의 조상이라고 말한다. 성경에서 사람들이 예수님을 부를 때에 이런 표현을 쓴다. "다윗의

자손 예수여! 다윗의 자손 예수여!" 그만큼 이 두 사람은 하나님의 엄청난 복을 누리며 증거한 사람들이다.

그런데 만일 나에게 이 둘 중 한 사람을 꼽으라면 나는 서슴없이 다윗을 말할 것이다. 그 이유는 성경에서 그의 이름이 가장 많이 언급되기 때문이다. 무려 800번 이상 그의 이름이 나온다. 성경을 보면 어느 누구보다도 다윗에 관한 삶과 사건이 가장 많이 나타나 있다. 또한 다윗의 기도가 성경에 가장 많이 기록되어 있다. 성경에서 가장 많은 분량을 차지하고 있는 다윗은 가장 복된 하나님의 사람임에 틀림없다.

그런데 아이러니하게도 성경에 나타난 위대한 하나님의 사람들 중 가장 큰 죄인 또한 다윗이다. 그는 죄인 중에 죄인이다. 그는 평생 전쟁을 치른 전쟁 영웅이다. 그만큼 많은 사람을 죽인 자다. 아무리 합법적인 전쟁이라고 할지라도 사람을 많이 죽인 것은 사실이다. 그래서 이스라엘 백성이 노래한다. "사울이 죽인 자는 천천이요, 다윗이 죽인 자는 만만이라." 사울의 딸 미갈과 결혼할 때도 그렇다. 그는 블레셋 사람 백 명을 죽인 대가로 결혼하게 된다. 더욱이 우리가 잘 아는 대로 밧세바와 우리아의 사건은 도저히 이해할 수 없고 용납할 수 없는 사건이다. 다윗은 간음죄와 살인죄를 동시에 범한 사람이다.

그가 죽인 밧세바의 남편 우리아는 아주 충직한 군인이었다. 그런 사람을 자기 죄를 감추기 위해 눈 하나 깜짝하지 않고 완전범죄로 죽인다. 아무리 다윗이 훌륭하다 해도 이 사건 하나만으로도 다윗은 하나님의 심판을 받아 마땅하다. 게다가 노년에는 불신앙으로 인구조사를 벌이다가 하나님의 재앙으로 수많은 백성들이 고통을 받는다. "수만 명이 죽었다." 이것이 성경의 기록이다. 많은 백성들이 다윗 때문에 죽은 것이다.

그럼에도 불구하고 성경은 다윗을 가장 위대한 왕이요, 하나님의 사람이요, 예수 그리스도의 조상이라고 기록하고 있다. 어떻게 이럴 수 있을까? 상식과 경험으로는 이해하기 힘들 만큼 비도덕적이요, 비인간적이다. 그럴 만한 이유가 있다면 도대체 그것이 무엇일까? 이처럼 이해하기 힘든 사안을 통해서 우리는 우리와는 다른 하나님의 독특한 시각을 엿볼 수 있다. 다윗이 이런 비상식이고 비도덕적인 악행에도 불구하고 하나님께 큰 복을 받은 이유는 다름 아닌 그가 참회의 기도자이기 때문이다. 성경에는 다른 어떤 사람의 기도보다도 다윗의 기도가 많이 실려 있다. 사실 성경인물 중 다윗만큼 깊은 참회의 기도를 드린 사람이 없다. 여기에 성경의 오묘한 신비가 있다. 하나님은 그의 자녀들에게 복을 주신다. 하나님의 자녀는 하나님으로부터 거룩한 자라고 인정받아야 한다. 그런데 다윗같이 죄질이 나쁜 사람을 하나님께서는 하나님의 사람으로 부르고 거룩하다고 칭하신다. 그리고 복을 주셨다. 바로 하나님의 이런 행동에 오늘날 우리 모두가 안고 있는 문제의 핵심이 있다.

현대인들은 죄에 대한 이야기를 아주 싫어한다. 듣기도 싫어하고 말하기도 싫어한다. 심각하게 죄의 문제를 다루고자 하지 않는다. 교회 밖에 어느 곳에서도 죄의 문제를 다루지도 꺼내지도 않는다. 심지어 종종 그리스도인들조차도 죄의 언급을 싫어한다. 죄를 심각하게 다루며 죄의 메시지를 던지면 불편해하고 꺼린다. 대신에 성공, 지혜, 건강, 위로 같은 소위 축복의 메시지들은 즐겨 듣는다. 그런데 우리가 이렇게 달콤한 메시지만을 밝히는 이유가, 우리가 죄인이라는 사실을 확인시켜주는 것이다. 우리 안에 아직 죄된 속성이 남아있고, 온전히 중생하지 못했기 때문이다. 진실로 중생한 자는 죄의 문제를 심각하게 다룰 수밖에 없다. 그래서 참회의 기도를 하게 된다. 그리고 이런 사람을 하나님께서 의롭다고 칭하고, 죄를 사하고, 복을 주시는 것이다.

하나님의 사람 마틴 로이드 존스 목사는 자신의 저서 『내가 자랑하는 복음』에서 이렇게 강조한다. "복음은 단순히 보편적인 위안의 말을 주는 데 목적이 있지 않다. 성경은 그 목적을 구원이란 무엇이며, 어떻게 구원받아야 하는가, 누가 구원받아야 하는가에 집중한다." 그러면서 그는 사람이 구원받아야 하는 세 가지 영역을 말한다. 사람은 죄의 책임, 죄의 세력, 죄의 오염으로부터 구원받아야 한다는 것이다. 인간은 누구나 근본적으로 죄의 유혹에 매력을 느끼기 때문이다. 인간은 이성과 감성, 그리고 의지까지 타락했다. 그래서 인간은 죄된 본성과 그것으로부터 파생되는 모든 악한 영향력으로부터 구원받아야 한다. 십자가에서 흘리신 그리스도의 피로 구속, 곧 죄 사함을 받는다는 것이 진정한 복음이요, 하나님의 은총이다. 다윗이 특별하다는 것은 하나님께서 인정하고 복 주시는 참된 참회의 기도가 무엇인지를 가장 잘 보여주기 때문이다.

진정한 참회

그리스도인은 무엇보다도 사죄의 은총이 가장 큰 복임을 고백할 수 있어야 한다. 그런데 우리는 종종 물질, 명예, 권력, 건강, 지식 등을 더 큰 복으로 간주한다. 그러나 그것들은 하나님 앞에서 다 부수적인 복일 뿐이다. 시편 32편 1절은 "허물의 사함을 받고 자신의 죄가 가려진 자는 복이 있도다"라고 말한다. 다윗은 아무리 부귀와 명

다윗을 두고 성경은 말한다.
"내 마음에 합한 자라."
한마디로 다윗은 하나님 앞에 정직했다는 것이다.
다윗은 비록 수많은 죄를 지었어도 하나님 앞에서 항상 정직했다.
그런 다윗을 통해서 하나님께서 역사하셨다.

예가 주어져도 사죄의 은총이 없으면 다 헛것이라는 것을 알고 있었다. 여기서 허물이란 죄의 결과다. 세상에서는 죄 지은 자가 죄의 결과에 대해 책임을 져야 한다. 그러나 하나님께서는 우리 죄를 용서해주고 가려주신다. 그것을 믿고 하나님 앞에 참회하며 기도하는 자가 복을 받는다. 만일 내가 내 스스로 죄를 가리고 숨기는 것은 하나님 앞에서 가장 가증한 일이다. 왜냐하면 그것은 하나님의 의가 필요 없다고 여기는 것이기 때문이다.

하나님의 의(義)로만 우리는 하나님 앞에 설 수 있다. 만일 내가 잘못을 저질러놓고도 법원의 판결은 아랑곳 않고 스스로 무죄하다고 주장한다면 그것은 법질서를 모독하는 것이 아닌가? 마찬가지로 죄 문제에 대한 판단은 전적으로 하나님께 달려있다. 하나님께서 죄를 가려주시면 의롭다 칭함을 받는 것이고, 내 스스로 죄를 가리면 가장 사악한 죄인이 되는 것이다. 우리 교회에서는 예배 때마다 항상 먼저 참회의 기도를 드린다. 참회의 기도가 없는 예배는 진실성이 결여되어 있는 것이라는 확신 때문이다. 죄에 대한 참회가 없이는 하나님께서 만나주지 않으신다. 그래서 우리가 죄를 고백하고 하나님께서 죄 사함을 선언해주셔야 한다. 그럴 때 비로소 하님의 말씀이 말씀으로 들리고, 감동이 되고, 하나님의 임재에 대한 확신을 얻게 된다. 이렇듯 사죄의 권세를 가지신 하나님 앞에서 만남이 이루어지는 예배가 진정한 예배다.

더 나아가 진정한 참회의 조건이 있다면 그것은 정직함이다. 하나님 앞에서 정직해야 한다. 본문도 "마음에 간사가 없고……"라고 말씀한다. 물론 나와 이웃에게 정직한 것도 중요하다. 그러나 더 중요한 것은 하나님 앞에서의 정직이다. 로마 바티칸에 가면 그 궁 옆에 큰 성전이 있는데 그 천장에 「천지창조」라는 벽화가 있다. 미켈란젤로의 작품이다. 그가 그 그림을 그릴 때의 일화다. 어느 날 미켈란젤로는 천장의 구석 부분의 그림을 아주 세심하게 고치면서 정성스럽게 그려가고 있었다. 그 모습을 본 옆에 있던 동료 화가가 말했다. "이봐, 누가 본다고 구석에 그렇게 정성을 들이나. 그쪽은 대충대충 하게나." 그때 미켈란젤로가 이런 유명한 말을 남겼다. "내가 보고 내가 알지."

전지전능하신 하나님 앞에서 우리의 양심을 감출 수도 없고, 감추어서도 안 된다. 하나님 앞에서 정직해야 한다. 그런 사람이 복된 사람이다. 다윗을 두고 성경은 말한다. "내 마음에 합한 자라." 한마디로 다윗은 하나님 앞에 정직했다는 것이다. 다윗은 비록 수많은 죄를 지었어도 하나님 앞에서 항상 정직했다. 그런 다윗을 통해서 하나님께서 역사하셨다.

참회에는 또한 죄의식과 죄책감이 있어야 한다. 사실 오늘 우리에게는 이 문제가 가장 심각하다. 죄를 짓고도 죄의식과 죄책감이 없다는 것은 심령이 병들어 죽어가고 있음을 뜻한다. 하지만 엄청난 죄를 지은 다윗의 고백은 달랐다. "내가 입을 열지 아니할 때에 종일 신음하므로 내 뼈가 쇠하였도다"(시 32:3). 죄의식 때문에, 죄책감 때문에 하루종일 신음한다고 고백하고 있다. 그 죄책감이 얼마나 고통스러운지 강한 뼈까지도 진물이 나고 물러질 정도라고 말한다. 죄책감으로 인해 그런 정도의 고통을 겪는다는 뜻이다.

오늘 현대인의 가장 큰 문제는 죄의식의 상실, 죄의 정당화다. 즉 죄책감이 없다는 것이다. 특히 하나님 앞에서 가장 큰 죄는 하나님을 믿지 않는 것이라고 생각하지 않는다. 또한 예수 그리스도를 믿지 않는 죄, 하나님의 거저 주시는 은혜를 은혜되게 하지 못하는 죄, 이것이 가장 큰 죄다. 왜냐하면 이런 근본적인 죄의식이 없는 사람은 십자가의 은혜를 생각하지 않기 때문이다. 하나님의 사람 존 번연은 이렇게 말한다. "성경은 당신을 죄에서 멀어지게 한다. 그렇지 않으면 죄가 당신을 성경에서 멀어지게 할 것이다." 진실로 죄에 민감한 사람은 성경을 가까이 할 수밖에 없다. 성경을 보면 내 자신이 누구인지를 알게 된다. 그리고 하나님의 용서하시는 은총을 바라며 기뻐하며 찬송한다.

또한 진정한 참회자는 참회의 고백을 한다. 참회의 고백은 하나님께 해야 하는 것이다. 이웃과 자기 자신에게 하는 것으로 안 된다. 오직 하나님께 참회의 고백을 해야 한다. 시편 32편 5절에 "내가 이르기를 내 허물을 여호와께 자복하리라 하고 주께 내 죄를 아뢰고 내 죄악을 숨기지 아니하였더니"라고 기록되어 있다. 죄는 영적인 것이기에 하나님과의 관계에서만 다루어져야 한다. 특별히 본문 말씀을 보면 다윗이 철저하게 자기 죄를 고백하는 것을 알 수 있다. "내 허물, 내 죄, 내 죄악……" 다윗의 고백 속에 끝없이 나오는 말은 오직 '내 죄'다. 세상의 죄, 이웃의 죄가 아니다. 이것이 진정한 참회의 기도다. 한번 자신을 돌이켜보자. 우리는 참회의 기도를 하다가 다른 사람을 생각한다. 그러나 이것은 진정한 참회의 기도가 아니다. 혹자는 세상이 부패했다고 비난하기도 한다. 그러나 참회는 오직 '내 죄'를 고하는 것이다.

'내 죄'로 고백하는 사람에게 하나님께서 죄를 용서하고 은혜를 베푸실 준비가 되어 있다. 다윗은 자신의 죄만을 집중해서 다룬다. 하나님께서는 그런 다윗을 기뻐하셨다. 유부녀 밧세바와 저지른 간음죄와 그녀의 남편을 죽인 살인죄는 엄청난 것이었다. 그러나 다윗은 밧세바를 한번도 원망하지 않는다. 어떤 면에서 밧세바에게도 어느 정도 책임이 있다. 그러나 다윗은 죄를 고백하면서 어떤 식으로든 밧세바에게 핑계대는 말을 하지 않는다. 오직 '내 죄, 내 죄악, 내 허물' 만을 참회한다. 바로 이런 태도에 하나님께서는 진정한 용서와 새로운 삶의 은총을 허락하신다.

완전한 하나님의 용서

하나님의 용서는 완전하시다. 용서한 것을 다시는 묻지 않으신다. 그 증거가 밧세바와 솔로몬이다. 한번 생각해보자. 그게 말이 되는가? 참회했으면 "그래, 다시 원점으로 돌아가!" 이래야 되는 것 아닌가? 그런데 밧세바를 아내로 주시지 않는가! 게다가 그 많은 아들 중에서 밧세바와의 사이에서 낳은 아들 솔로몬을 지목해서 지혜를 주고 왕으로 삼으시지 않는가! 이것은 무엇을 의미하는 것일까? 하나님의 용서의 권세다. 깨끗이 죄를 사해주신다는 증거다. 이것은 하나님 앞에 진실하게 자신의 죄를 참회하는 자에게 주시는 하나님의 은혜다.

또한 참회기도의 때를 놓치지 말아야 한다. 시편 32장 6절에서 다윗은 이렇게 말한다. "경건한 자는 주를 만날 기회를 얻어서 주께 기

'왜 나는 주의 길을 지키지 못하고
주의 진리 안에서 살지 못하고
주의 생명으로 살지 못하는가?'
그것을 참회해야 한다.
날마다, 순간마다 참회하는 기도자에게
하나님께서 새로운 복과 은총을 주신다.

도할지라." 하나님을 만날 만한 때에 참회의 기도를 할 기회를 주저 없이 잡아야 한다. 다윗은 죄를 지은 다음에 곧바로 회개하지 않고 스스로 힘겹게 살아간 것 같다. 그런데 어느 날 하나님께서 늙은 선지자 나단을 보내신다. 나단이 다윗의 죄를 적나라하게 공개적으로 지적한다. 마음만 먹는다면 다윗의 권력으로 나단 정도는 눈 하나 깜짝 하지 않고 죽일 수 있다. 우리아도 그렇게 죽이지 않았는가? 그게 뭐 대수로운 일인가? 그러나 나단 앞에서 다윗은 철저히 무릎 꿇고 회개한다. "내가 범죄했습니다." 다윗은 자신의 죄를 지적하는 나단의 음성 속에서 하나님께 참회할 기회를 놓치지 않았던 것이다. 하나님께서 이런 다윗을 새롭게 하신다.

로버트 로빈슨은 1758년 '복의 근원 강림하사'로 시작하는 찬송가 28장의 아름다운 가사를 지었다. 그런데 유감스럽게도 그는 작사 후에 바른 신앙생활을 하지 못한다. 계속 죄를 짓고 실패를 거듭하다 보니 '나 같은 사람을 하나님께서 용서하실까? 아직도 사랑하실까?' 하며 의심을 품게 되었다. 하나님의 사죄의 은총과 그 기쁨을 누리지 못하게 된 것이다. 그러면서 그는 점점 교회와 멀어지게 된다. 그렇게 수년이 지났다. 그러던 어느 날 한 여인과 동승하여 마차를 타고 가는데 교회 앞을 지나가게 된다. 때마침 우연히 마차의 문이 활짝 열렸다. 그 때 교회의 창문을 통해서 찬송가 소리가 들렸다. 그건 다름 아닌 자기가 지은 찬송가였다. 그는 너무나 감격하여 북받쳐 오르는 감정을 억누르지 못하고 울음을 터뜨고 말았다. 그러자 함께 탄 여인이 묻는다. "왜 그러시죠?" "저 찬송가 가사는 내가 쓴 것입니다." 그리고 그는 이렇게 덧붙인다. "저 찬송가를 지을 때 누렸던 그 평안을 다시 되찾을 수만 있다면 내가 가진 모든 것을 바쳐도 아깝지 않을 것입니다." 우리에게 때가 있을 때, 하나님 앞에 즉시 참회하면 즉시 하나님께서 사죄의 은총을 허락하고, 우리를 평강의 길로 인도하신다.

진정한 참회의 길

다윗은 의인이 아니다. 끝까지 죄인으로 살다 간 사람이다. 그러나 다윗은 하나님께 의롭다고 칭함을 받은 사람이다. 그래서 가장 큰 복을 받은 사람이다. 그가 바로 참회의 기도자였기 때문이다. 진정한 참회의 기도자의 모습을 보여주기 위해서 하나님께서는 다윗을 높이 세우신다.

다윗은 결코 완전한 사람이 아니다. 항상 불완전한 가운데, 죄 가운데 살았던 사람이다. 그리고 하나님께 늘 순종만 했던 사람도 아니다.

그러나 분명한 것은 그는 하나님을 가까이하고자 했고, 항상 죄에 민감해하며 참회의 기도를 했다. 그의 기도문을 한번 보자. 우리는 보통 이렇게 기도하지 않는가. "이번에는 잘못했으니 다시는 안 그러겠습니다." 그러나 다윗은 이런 말을 하지 않는다. 자기 마음대로 죄를 안 지을 수 있는가? 내가 죄를 다스릴 수 있는 존재라고 생각하는가? 우리는 죄를 다스릴 수가 없다. 죄는 오직 하나님만이 다스릴 수 있는 것이다. 그리고 때를 따라 사죄의 은총을 주시는 것이다. 그래서 집중적으로 '오늘의 죄, 오늘 나의 죄' 이것을 고백해야 한다.

예수님의 길, 예수님의 진리, 예수님의 생명을 온전하게 지키며 살아가는 사람이 세상에 과연 누구인가? 단 한 사람도 없다. 그것을 참회해야 한다. '왜 나는 주의 길을 지키지 못하고, 주의 진리 안에서 살지 못하고, 주의 생명으로 살지 못하는가?' 그것을 참회해야 한다. 날마다, 순간마다 참회하는 기도자에게 하나님께서 새로운 복과 은총을 주신다. 예수님의 길, 예수님의 진리, 예수님의 생명 안에 거하는 자, 주와 함께 동행하는 자는 진실한 참회의 기도자다. 그는 다윗과 같이 이렇게 고백할 것이다. "허물의 사함을 받고 자신의 죄가 가려진 자는 복이 있도다…… 주께 내 죄를 아뢰고 내 죄악을 숨기지 아니하였더니 곧 주께서 내 죄악을 사하셨나이다"(시 32:1, 5).

그 나라와 그 의

 최선을 다하는 삶

영국의 거부였던 피츠 제럴드의 실제 이야기다. 피츠 제럴드의 사랑하는 아내가 병들어 죽게 되었다. 또 얼마 후 외아들까지 병들어 죽었다. 홀로 된 그는 큰 슬픔을 이기려고 유명한 미술작품을 수집하며 나머지 생을 보낸다. 그리고 세월이 흘러 그도 죽게 되었다. 자신의 재산 처분에 관한 유언에는 그가 생전에 수집한 미술 소장품들을 경매하라는 유언이 포함되어 있었다. 소장품들은 매우 귀하고 값진 미술작품들이어서 경매장은 사람들로 인산인해를 이루었다.

경매가 시작되고 첫 작품으로 「내 사랑하는 아들」이라는 별로 유명하지 않은 작품이 나왔다. 그 작품은 한 무명화가가 그의 아들을 기념하여 그린 것인데, 별로 가치도 인기도 없는 작품이었다. 당연히 아무도 사려고 하지 않았다. 다들 다른 작품에만 관심을 두고 있는데 한 노인이 뒤에서 손을 들고 묻는다. "내가 사도 되겠습니까?" 그 노인은 피츠 제럴드의 아들을 어릴 때부터 돌보았던 늙은 하인이었다. 노인은 자신의 돈을 모두 털어서 그 볼품없는 작품 하나를 사려고 했던 것이다. 그러자 갑자기 상상도 하지 못할 일이 벌어졌다. 피츠 제럴드의 유언을 집행하는 변호사가 경매를 중지시켰고, 큰 소리로 피츠 제럴드의 유언장을 읽기 시작했다. "누구든지 「내 사랑하는 아들」을 사는 사람이 내 모든 소장품을 갖도록 해주시오. 이 그림을 선택하는 사람은 내가 가장 소중히 여기는 것이 무엇인지 아는 사람임에 틀림없으니 모든 것을 가질 자격이 충분합니다."

 우리는 하나님 앞에서 얼마나 최선의 선택을 하며 살아가고 있는가? 최선의 삶을 살아가는 데는 최소한 두 가지가 필요하다. 최고의 가치관과 그 가치관을 최우선으로 선택하는 결단이 필요하다. 이 두 가지가 없다면 그 삶은 최선의 삶이 아니다. 지혜가 없이 열정만으로 이루어진 삶은 최악이다. 그리고 스스로에게 자기는 최선을 다했노라고 말하는 것은 미련한 자의 삶일 뿐이다. 그리스도인은 하나님 앞 우리는 하나님 앞에서 얼마나 최선의 선택을 하며 살아가고 있는가?
최선의 삶을 살아가는 데는 최소한 두 가지가 필요하다.
최고의 가치관과 그 가치관을 최우선으로 선택하는 결단이 필요하다.
이 두 가지가 없다면 그 삶은 최선의 삶이 아니다.

에서 최선의 선택으로 이루어지는 삶을 살도록 부르심을 받은 자녀임을 항상 기억해야 할 것이다.

심리학자 브제즈니에프스키와 그의 동료 듀튼의 연구에 따르면 사람들은 자신의 일을 다음 세 가지 즉 노역, 출세, 소명 중 하나로 생각한다고 한다. 첫째로 자신의 일을 노역으로 여기는 사람은 자기실현보다는 경제적 보상에 이끌려 삶을 선택한다. 경제적 보상에 초점을 두고 있기에 일은 언제나 지루하고 재미가 없다. 그래서 매달 월급날과 공휴일만을 기다릴 뿐이다. 두 번째로 자신의 일을 출세로 여기는 사람은 주로 돈과 성공, 힘과 지위 같은 외부 요인에 따라 움직이는 삶을 살게 된다. 그래서 항상 승진을 기대하며 살아간다. 즉 항상 승진을 해야 만족하는 사람을 뜻하는 것이다. 세 번째는 자신의 일을 소명으로 생각하는 사람이다. 이 사람들은 자기가 하는 일을 소명으로 생각하고, 그 자체를 삶의 목적으로 생각한다. 그들은 그래서 내적 요인에 의해서 움직이게 된다. 그러다보니 일 자체에서 일의 성취를 이끌어내고 만족한다. 그들은 일하는 것을 의무가 아닌 특권으로 인식하며 일한다. 중요한 것은 소명이다. 소명의식에 집중할 때 진정한 의미의 삶을 살아갈 수가 있다. 최선의 삶은 소명으로부터 나오는 것이다. 그 소명을 최고의 가치관으로 여기고 믿고 최우선으로 선택하며 결정할 때 하나님께서 주시는 복을 받고 성공하는 삶을 살게 된다. 이것이 진정한 그리스도인의 삶이다.

먼저 해야 할 것

성경은 말씀한다. "너희는 먼저 그의 나라와 그의 의를 구하라"(마 6:33). 우리가 아주 잘 아는, 예수님께서 가르치신 최선의 삶을 사는 비결이다. "먼저 구하라. Seek first." 여기서 first는 우선순위를 의미한다. Seek, 즉 구하라는 것은 전심전력해서 구하는 것을 의미한다. 잠시 한번쯤 생각해보고 "난 이렇게 살 것이다"라고 말하는 것이 아니다. 열심을 다해서 최선의 선택을 찾고 그것을 구하라는 것이다. 그가 복된 자다. 이 말씀은 6장의 재물과 염려에 관한 말씀의 결론으로 주신 말씀이다. 24절에 "너희가 하나님과 재물을 겸하여 섬기지 못하리라"는 말씀이 있다. 참 이상한 것은 인간은 끊임없이 이 둘을 동시에 취하려고 한다는 것이다. 하나님께서는 절대로 그렇게 할 수 없다고 말씀하시는데 우리의 욕망은 그렇지 않다. 늘 언제나 이 둘을 동시에 취하려고 한다. 그래서 인생이 늘 불행하고 불만족스러운 것이다. 하나님께서는 "절대로 안 된다. 최우선의 선택이 필요하다. 그래야만 모든 것을 얻을 수 있다"고 단언하신다. 이것이 하나님께서 복 주시는 비결인데, 우리는 그것을 무시하고 하나님과 재물 둘을 동시에 얻으려고 안절부절하는 것이다. 그래서 염려한다. 염려란 불안이요, 불만족이요, 결핍이다. 먼저 구할 것을 구하지 않았기 때문에 따라오는 당연한 결과인 것이다. 이 염려를 없애는 비결도 본문 말씀에 있다. 먼저 구할 것을 구하면 되는 것이다. 하나님의 뜻을 먼저 구하면 염려가 사라지게 된다.

마태복음 6장 33절 직전을 보면 염려하는 사람들이 구하는 것들을 자세히 기록하고 있다. "이방인들이 구하는 것이 있다. 무엇을 먹을까? 무엇을 마실까? 무엇을 입을까? 이런 것들이다." 즉, 소유 중심의 삶을 구한다는 것이다. 성경적으로 말하자면 하나님의 뜻 외의 것을 먼저 구했다는 것이다. 소명 없는 차선의 선택을 해서 염려할 수밖에 없으므로 그리스도인은 하나님의 것을 먼저 구하라는 것이다. 하나님의 것을 먼저 구하면 구하지 아니한 것도 채워주신다고 성경은 말씀한다.

어떤 유명한 사진작가에게 다음과 같이 물었다. "어떻게 하면 선생님처럼 아름다운 사진을 찍을 수 있습니까?" 작가는 이렇게 대답했다. "제일 먼저 사진기의 뚜껑을 여는 것이네." 대단한 답을 기대했는데 어이없이 단순한 답변이 나온 것이다. 그러나 의미 있는 답변이다. 그리스도인이 택할 최우선적인 것 역시 아주 단순하다. 하나님의 것을 먼저 구하는 것이다. 이러한 사람에게 하나님께서 복을 주신다는 말씀이다. 이런 격언이 있다. '우리가 삶에서 만나는 온갖 딜레마는 시간과 물질의 부족에서 오는 것이 아니고 일의 우선순위를 잘못 선택함에서 온다.' 깊이 생각해야 할 말이다. 성경은 분명히 말한다. "먼저 그의 나라와 그의 의를 구하라." 아주 간결한 말씀이지만 우리가 제대로 살 길은 이것뿐이다. 우리는 하나님께 영광을 돌린다고 말한다. 그런데 무엇으로 영광을 돌리는가? 하나님께서 인정하시는 것은 먼저 그의 나라와 그의 의를 구하는 것이다. 하나님께서는 그것으로 영광을 받으신다는 것이다.

하나님의 '의'와 '나라'

예를 들어보자. 공산주의가 무엇인가? 그들이 택한 우선순위는 평등이다. 그런 그들의 이념이 나쁜 것은 아니다. 반면 민주주의는 자유를 우선순위로 여기고 있다. 오늘날의 자본주의는 경제 번영이 우선순위다. 다른 것은 다 부족하고 못해도 경제를 살릴 사람 같으면 대통령으로 선출하는 것도 이런 까닭이다. 그러나 하나님의 나라는 하나님의 의가 우선순위여야 한다. 하나님의 의가 먼저 나타나야 하나님께서 기뻐하시고 복을 주신다. 하나님의 의가 나타나지 않는다면 그건 사탄의 역사다. 나는 성도들이 개업할 때면 심방을 가서 항상 읽는 말씀이 있다. 잠언 16장 8절 말씀이다. "적은 소득이 의를 겸하면 많은 소득이 불의를 겸한 것보다 나으니라." 이것이 더 중요하기 때문이다. 먼저 하나님의 의를 구해야 하나님께서 복을 주신다.

우리 신앙인들은 죄인이기 때문에 매일매일 회심을 하며 살아간다. 그런데 그 회심에는 꼭 필요한 두 가지 요소가 있다. 먼저는 참회다. 죄의식, 죄책감을 가지고 사죄의 은총을 가진 하나님께 고백하는 것이다. 그러나 여기서 멈추면 진정한 회개가 아니다. 참회했으면 이제는 하나님의 뜻을 구해야 한다. 왜일까? 회개는 방향 전환을 의미한다. 세상으로부터 나와 하나님께로 방향 전환하는 것을 회개라고 한다. 그렇다면 이제는 하나님의 뜻을 구해야 하는 것이다. 진정한 참회자는 하나님의 뜻을 구할 수밖에 없는 것이다. 본문성경은 말한다. "먼저 그의 나라와 그의 의를 구하라."

여기서 '나라' 라는 단어는 하나님의 주권과 통치를 말한다. 우리의 일상생활에서 하나님의 다스림을 늘 구하고 인정하는 것을 말한다. '의' 는 하나님의 의를 말한다. 하나님의 의가 아니면 하나님의 자녀가 될 수 없다. 오직 그 의로만 하나님의 자녀가 된다. 이와 관련하여 로마서 3장 24절에 유명한 말씀이 있다. "그리스도 예수 안에 있는 속량으로 말미암아 하나님의 은혜로 값없이 의롭다 하심을 얻은 자 되었느니." 오직 예수 그리스도의 의로 말미암아 복음에 나타난 의로 우리는 하나님의 자녀가 된다. 그래서 그 나라와 그 의를 구하는 것이다.

이런 이야기가 있다. 어느 시골에 아주 가난하지만 신앙심이 좋은 할머니가 있었다. 그 옆집에는 신앙이 없는 고약한 부자 할아버지가 살고 있었는데 할머니는 매일매일 아침마다 문을 활짝 열고 밖에 나와서 "하나님!" 하고 외치며 하나님께 기도했다고 한다. 그런데 그때마다 옆집 할아버지가 못마땅해 하면서 문을 열고 소리친다. "이 할망구야, 하나님이 어디 있어?" 그러던 어느 날 할머니가 식량이 떨어진 것이다. 할머니는 큰 고통 중에 처했다. 그것을 알고 옆집 할아버지가 음식이 가득 담긴 큰 보따리를 할머니 집 앞에 몰래 갖다 놓았다. 할머니가 그것을 발견하곤 이렇게 말했다. "하나님, 음식을 보내주셔서 감사합니다." 이것을 몰래 보고 있던 할아버지가 갑자기 나타나서 말한다. "그거 내가 보낸 거야. 하나님이 어디 있어?" 하고 조롱한다. 그러자 할머니가 이렇게 기도했다고 한다. "하나님, 제게 음식만 주신 것이 아니라 나쁜 사람으로 하여금 돈까지 지불하게 하시니 감사합니다."

　자신에게 일어나는 모든 일에서 하나님의 통치를 얼마나 인식하며 살아가는가? 하나님을 느낀다면 그의 나라와 그의 의를 먼저 구할 수밖에 없지 않을까? 성경에 보면 하나님 나라를 구해야 할 자들이 구하지 못해 멸망에 이른 대표적인 두 사람이 있다. 가룟 유다와 가야바다. 다른 사람은 몰라도 이 두 사람은 전적으로 그 나라와 그 의를 구해야 할 사람들이다. 그런데 그렇지 못했다. 대신에 그들은 하나님과 세상을 동시에 구했다. 이스라엘의 회복과 자신의 성취라는 두 가지를 함께 구했던 것이다. 그리고 그 두 사람이 예수님을 팔아 넘겼다. 하나님의 나라와 의를 구하지 않는 순간에 벌어진 사건이다. 우리는 분별해야 한다. 내 삶의 작은 선택들이 그 중심에 진정으로 하나님 나라와 그 의를 구하고 있는가?

'하나님의 나라와 의'를 구하라

　조지 트루엣이라는 사람이 이런 말을 했다. "인간이 가질 수 있는 가장 위대한 지식은 하나님의 뜻을 아는 것이며, 인간이 행할 수 있는 가장 위대한 업적은 하나님의 뜻을 행하는 것이다." 성경도 말한다. "먼저 그의 나라와 그의 의를 구하라. 그리하면 이 모든 것을 너희에게 더하시리라." 이 말씀이 곧 복음이다. 하나님께서 복 주시는 원리요, 주의 약속이다. 이 말씀을 믿고 순종하면 하나님께서 책임지고 우리가 구하지 않은 다른 모든 것을 더하신다. 그것을 경험한 성경의 대표적인 인물로 솔로몬을 들 수 있다. 그가 왕이 되었을 때 하나님께 구할 것이 많이 있었을 것이다. 그러나 솔로몬은 하나님께 오직 한 가지, 곧 지혜를 구했다. 솔로몬이 구한 지혜는 하나님의 뜻을 분별하는 능력이다. 그래서 하나님께서 크게 기뻐하셨다. 솔로몬이 하나님의 나라와 그 의를 먼저 구했기 때문이다. 결과는 어땠는가? 성경이 그 사건을 기록하기를, 하나님께서 솔로몬 왕에게 그가 구하지 않은 것까지 넘치게 주셨다고 말한다. 온갖 부귀와 영광을 그에게 넘치게 허락하셨다.

노벨 평화상을 받은 만델라가 로벤 섬의 감옥에서 석방될 때의 일이다. 그 당시 아칸소의 주지사였던 빌 클린턴은 TV에서 그 사건을 보며 흥분하고 감격했다. 그래서 부인과 딸을 불러 역사적인 사건이 뉴스에서 보도된다고 말했다. 그런데 TV에서 이상한 장면을 목격하게 된다. 자신을 환영하러 나온 구경꾼을 둘러보던 만델라의 얼굴에 순간적으로 분노가 나타난 것이다. 먼 훗날 두 사람이 만나게 되었다. 한 사람은 미국 대통령으로, 한 사람은 남아프리카 공화국의 대통령으로 말이다. 클린턴이 그 때를 기억하고 물었다. "어떻게 당신 같은 분이 그런 분노의 표정을 지을 수 있습니까? 그 이유를 좀 설명해주십시오." 그러자 만델라는 이렇게 말했다고 한다. "잘 보셨습니다. 나는 감옥에 있을 때 한 간수의 아들이 시작한 성경공부에 동참했고, 그 안에서 그들 모두를 용서하고 평안한 마음으로 지냈습니다. 그런데 막상 감옥에서 나와 구경꾼들을 보며 그들이 나에게서 27년의 세월을 강탈해 갔다는 생각을 하니 울컥 분노가 치밀어서 견딜 수가 없었습니다. 그런데 그 때 그리스도의 영이 나에게 말했습니다. '넬슨, 너는 감옥에 있는 동안에도 자유로웠는데, 지금 자유의 몸이 되어서 그들의 감옥이 되지는 말아라.'"

만델라는 그 말씀에 그대로 순종하고는 복수 대신 화해를 택한다. 그래서 그는 위대한 평화와 화합의 대통령으로 역사에 남게 된다. 그 나라와 그 의를 구하라는 예수님의 말씀이 그 한 사람을 통해서 구체화된 것이다. 오늘도 어떤 사건이든 그 나라와 그 의를 항상 먼저 구하고 그 안에서 결단하는 일에 하나님께서 함께하신다.

예수 그리스도를 한번 생각해보자. 예수님께서 제자들에게 주기도문을 가르쳐주셨다. "이렇게 기도하라"고 하신 기도의 절대본(絶對本)이다. 그 전반부가 무엇인가? 하나님에 관한 것이다. "이름이 거룩

오늘도 어떤 사건이든 그 나라와 그 의를 항상 먼저 구하고
그 안에서 결단한 일에 하나님께서 함께하신다.

히 여김을 받으시오며 나라가 임하시오며 뜻이 하늘에서 이루어진 것 같이 땅에서도 이루어지이다." 이것이 올바른 기도다. 또한 예수님께서는 스스로 모범을 보여주셨다. 특별히 겟세마네 동산에서 기도의 본을 보여주셨다. 그 때 하나님의 아들인 예수님께서 이렇게 기도하시지 않는가? "내 뜻대로 마옵시고 아버지의 뜻대로 하옵소서." 그 나라와 그 의를 먼저 구하신 것이다. 그리고 믿음으로 나아가 십자가를 지셨다. 그렇게 지신 십자가야말로 하나님의 의의 완성이요, 하나님 나라의 최종 계시다. 예수님께서는 그 뜻에 절대 순종하고 의탁하셨다. 우리는 그의 의로 하나님의 자녀가 되는 것이다. 어찌 그 나라와 의를 구하지 않을 수 있겠는가? 예수님께서 길이요, 진리요, 생명이라고 말씀하신다. 예수님께서 처음부터 끝까지 전하신 복음은 하나님 나라다. 오늘 이 순간 우리에게 하나님 나라의 삶을 살라는 것이다. 따라서 예수님의 길과 진리와 생명 위에서 살아가는 사람은 항상 먼저 그의 나라와 의를 구할 것이다. 그리고 그 안에 숨겨진 하나님의 지혜와 능력을 경험하며 진정으로 복되고 행복한 최선의 삶을 살아갈 것이다.

그래서 주님께서 우리 모두에게 말씀하신다. "너희는 먼저 그의 나라와 그의 의를 구하라. 그리하면 이 모든 것을 너희에게 더하시리라."

그의 몸된 교회

건강한 신앙의 기초

목회자와 무신론자가 열차에서 우연히 만났다. 무신론자가 자기를 소개한다. "나는 무신론자입니다." 그러자 목회자가 점잖게 그에게 묻는다. "혹시 성경을 한번이라도 읽어보신 적이 있습니까?" 그러나 돌아온 것은 퉁명스러운 대답이었다. "그건 어린애들이나 보는 것 아닙니까? 나는 바쁜 사람입니다." 그래서 목회자가 다시 묻는다. "그러면 혹시 종교서적이나 신학서적을 읽어보거나 연구한 적은 있으십니까?" 그러자 무신론자가 귀찮다는 듯 짜증내며 말한다. "그따위 짓을 내가 왜 하겠습니까? 나는 무신론자인데." 그러자 목회자가 이렇게 말했다고 한다. "당신은 내게 무신론자라고 말하지만, 죄송합니다만, 저는 이런 사람을 무신론자라고 하지 않고 '무식론자'라고 합니다."

　불신앙은 무지의 결과다. 모든 불신앙은 그 자체가 무지다. 그렇기 때문에 하나님의 지식에 대한 바른 분별력을 갖고 온전한 믿음으로 살아야 할 당연한 이유가 있는 것이다. 온전한 분별력이 없는 믿음은 잘못된 믿음이다. 바로 그 잘못된 믿음이 메시아를 죽였다. 그것이 역사의 현실이다. 분별력 있는 믿음만이 오늘 이 시대에 미혹되거나 실족하지 않고 하나님의 사람으로 살아갈 수 있는 지혜를 갖는다. 오늘날 안티기독교, 즉 반기독교의 세력에 대해서 많은 신앙인들이 우려하고 있다. 그러나 걱정하기에 앞서 그 원인을 알아야 한다. 그 원인은 하나님에 대한 무지다. 하나님이신 예수님께서 이 땅에 오셔서 진리를 선포하고 하나님의 나라를 증거하시는 데 소수를 제외하고는 모든 사람들이 다 비난하고 조롱했다. 요즘 말로 표현하면 모두가 안티그리스도였던 것이다. 그러나 예수님께서는 그런 세상 속에서 도도히 하나님의 나라를 이루신다. 그러니 우리도 예수님께서 하신 대로 하나님을 모르는 저들을 불쌍히 여겨야 한다.

　성경과 신학에서 가장 심오하지만 이해하기 어렵고 믿어지지 않는 것이 무엇일까? 그 대표적인 두 가지는, 첫째는 '예수 그리스도가 누구인가?'이고, 두 번째는 '교회가 무엇인가?' 하는 것이다. 하나님이신 예수님께서 어떻게 인간이 되셨는가? 어떻게 하나님이신 예수님께서 십자가에서 죽고, 부활하고, 승천하셨는가? 알듯 모를 듯하다. 교회가 어떻게 하나님의 집일까? 우리 눈에 보기에 교회는 모두 사람들이 움직이는 단체인데…… 특히 교회에 대해 이런 의구심을 갖는 까닭은 눈에 보이기 때문이다. 이에 반해 천지창조는 눈에 보이지 않으니까 어떤 면에서는 믿기 쉽다. 눈에 보이면 인간은 의심하게 마련이다. 그래서 눈에 (반대되는 것처럼) 보이는 실체를 알고도 믿는 자가 온전한 믿음의 소유자다. 인간은 보이는 신비를 더욱 이해하기 어려워한다. 그래서 이 세상의 모든 이단 종교들과 잘못된 교인을 나누는 기준으로 이 두 가지를 물어보면 된다. 예수님을 어떻게 생각하는가? 교회를 무엇이라 정의하는가? 이에 대한 대답으로 그들을 바르게 평가할 수 있다.

에베소서 1장 17~23절에 사도 바울의 기도가 나온다. 거기서 그는 분열된 교회를 위하여 기도한다. 특히 하나님을 거역하는 불신자들을 위하여 기도한다. "내가 기독교를 핍박하고 예수를 핍박하러 다닐 때 하나님께서 내게 보여주셨던 그 하늘의 세계와 지혜를 저들도

교회는 하나님이 친히 세우신 신비한 능력의 공간이며
그리스도의 몸이다.
그래서 하나님을 사랑하는 사람은 교회를 사랑하게 된다.

알게 해주십시오." 특히 17절과 19절에서 이렇게 말한다. "하나님을 알게 하시고 너희로 알게 하시기를 구하노라." 이는 긍휼히 여기는 마음으로 간절히 하는 기도다.

아는 것이 먼저다. 결코 받는 것이 먼저가 아니다. 그래서 무엇보다 우리가 간절히 구해야 될 것은 하나님께로부터 받는 것이 아니라 하나님의 지식을 아는 것이다. 알지 못하고 받으면 결국은 망하고 만다. 성경 속의 이스라엘 백성들의 삶이 그것을 잘 보여준다. 그들은 엄청난 복을 받은 민족이다. 그러나 하나님의 뜻을 알지 못했다. 왜 이런 일이 자신들에게 일어났는지 알지 못했고, 그래서 그로 인한 결과 또한 깨닫지 못했다. 게다가 하나님의 지혜를 알지 못했기에 결국은 메시아를 죽이지 않았는가? 그리고 심판받고 하나님의 진노 아래서 멸망받게 된다. 그래서 진정한 분별력을 지닌 믿음의 신앙인은 먼저 하나님의 지혜와 능력을 알기를 간구해야 한다. 그럴 때 하나님은 우리가 구하지 않은 것도 우리에게 주신다. 그러니 당연히 먼저 하나님의 경륜과 지혜를 알아야 한다.

그리스도의 몸인 교회

예수님에 관한 지식을 신학적으로 기독론이라고 하고, 교회에 관한 지식을 교회론이라고 한다. 이 두 분야는 우리가 분명히 알아야 할 부분이다. 교회는 하나님의 창조 역사다. 분명하게 하나님의 계획과 신비 안에서 창조적 능력으로 하나님께서 만드신 것이 교회다. 무엇을 위해서인가? 하나님 나라와 그 나라의 완성을 위해서, 그리고 그 나라의 의를 위해서 하나님께서 창조하신 유일무이한 장소다. 그래서 '더 처치'(The Church)라고 표현하는 것이다. '그 교회', 하나님의 교회, 우리는 그 중요성을 알아야 한다.

그런데 이렇게 중요한 교회에 죄인들이 우글거리기 때문에 그 중요성이 실감나지 않는 면이 있다. 오해하지 말아야 할 것은 교회가 의인들만 있는 곳이 아니라는 점이다. 예수님께서도 예루살렘 성전을 보고 "내 아버지의 집을 강도의 굴혈로 만들었느냐"고 책망하셨다. 그와 동시에 그 교회를 내 아버지의 집이라고 인정하셨다. 그래서 교회는 하나님의 교회인 것이다.

초대교회를 생각해보자. 사도행전 2장에 있는 초대교회를 베드로가 세운 것인가? 아니다. 그도 죄인이다. 예수님을 부인하며 저주까지 했던 죄인이다. 그러나 하나님께서 그 죄인을 사용하신다. 그를 통해 하나님의 교회를 성령의 역사로 창조하신다. 이로 보건대, 이 세상에 완전한 교회는 없다. 항상 불완전하다. 변변치 않은 예수님의 몇몇 제자를 통해서 교회를 세우셨는데 이게 하나님의 교회가 아니라면, 벌써 없어졌어야 한다. 수많은 핍박 속에서 이미 소멸되었어야 한다. 그러나 그 하나의 교회가 온 세계를 향하여 뻗어나갔다. 그리고 주님이 다시 오시는 그날까지 이 일은 계속될 것이다. 비록 형편없는 인간들이 모인 곳 같지만, 하나님의 신비한 능력과 역사로 움직이는 곳, 그것이 교회다.

그럼에도 일각에서는 하나님의 교회를 자꾸 인간의 교회로 만들려는 시도들이 있다. 교회를 교육기관으로 만들고, 구제기관으로 만들고, 친교기관으로 만들고 있는 것이다. 게다가 많은 사람들이 교회에 그것을 요구한다. 그러다가 실망하기도 하고 비난하기도 한다. 그래서 교회에 대한 현대인들의 비난은 무지에게 오는 것이기에 어쩌면 당연한 것이다. 인간 주도적인 교육, 구제, 친교, 그것은 교회가 아니다. 그럼에도 그런 것으로 양적 성장을 꾀한다. 그러나 그것은 종교집단의 성장이지 교회의 부흥이 아니다. 교회의 부흥은 하나님께서 하신다. 하나님의 역사에 대한 응답으로 부흥되는 것이다. 그렇지 않으면 소멸된다. 유럽의 역사를 보자. 큰 교회가 좋은 시스템, 교육, 물질적으로 풍부한 자원에도 불구하고 텅텅 비었다. 왜 그런가? 교회를 교육기관으로, 구제기관으로, 친교기관으로 전락시켰기 때문이다.

하지만 하나님은 하나님의 교회와 분명히 함께하신다. 성경은 분명히 말한다. "교회는 그리스도의 몸이다." 교회에 대한 최종 결론이다. 신학적으로 '예수가 누구인가'라는 질문과 '교회가 무엇인가'라는 질문에는 같은 답이 나오게 된다. 교회는 그리스도의 몸이라는 것이다. 그래서 기독론과 교회론은 하나다. 그런데 이 두 가지가 별개의 것이 될 때 꼭 문제가 생긴다. 예를 들면 이렇게 잘못 생각하는 사람이 참 많다. 하나님을 사랑하고 그리스도는 사랑하지만 교회는 싫다고 한다. 이 또한 무지의 결과다.

어느 시골에 한 청년이 책을 통해서 신앙생활을 하며 교회를 잘 다니더니 어느 순간부터 교회 출석을 중단했다. 그 이유는 꼭 교회에 다니지 않아도 훌륭한 그리스도인의 삶을 살 수 있다는 것이다. 교회와 상관없이도 하나님도 만나고 기도하고 충분히 은혜받고 더 성숙한 믿음의 생활을 할 수 있다고 하면서 교회를 다니지 않는다. 교회 목사님이 그 청년이 걱정되어 청년을 찾아갔다. 겨울밤에 이런저런 이야기를 나누면서도 교회 출석에 관한 이야기는 서로 하지 않았다. 이야기를 시작하면 끝없는 논쟁이 벌어질 것 같아 하지 않았던 것이다. 그러면서 목사님은 이 청년에게 어떻게 교회에 대한 바른 이해를 심어줄까 고민하고 있었다.

마침 두 사람이 벽난로 앞에서 석탄을 넣고 불을 때면서 앉아있었는데, 어느 순간 대화가 끊기고 침묵이 흘렀다. 갑자기 목사님이 벽난로 속에 있던 석탄 하나를 집어 밖에 꺼내놓았다. 그리고는 조용히 그걸 바라보았다. 청년도 그 석탄을 가만히 바라보았다. 밖은 추워서 석탄은 금방 꺼져버렸다. 이번에는 활활 불타는 벽난로 안을 바라보았다. 난로 속에서는 석탄이 잘 타고 있었다. 아무 말도 하지 않았다. 그럼에도 이 청년이 목사님의 가르침을 깨달았다. 그리고는 말한다. "목사님, 다음 주부터 교회에 열심히 나가겠습니다."

무엇을 보고 깨달은 것일까? 난로 안에 있을 때는 석탄이 잘 타는데 밖에 두니 금방 열이 식어 꺼지고 말았다. 이처럼 그리스도인이 교회 안에 있을 때에는 믿음이 자란다. 신앙생활을 잘 할수록 그리스도와 하나됨을 경험하면서 성령의 역사를 느낀다. 기도도 하고 말씀도 읽고 순종의 삶도 살려고 애쓴다. 그런데 예배에 참석하지 않고 교회 출석이 줄어들고 성도의 교제를 하지 않으면 그 믿음이 식는다. 교회는 신비한 것이다. 아무리 훌륭한 사람도, 위대한 그리스도인도 교회를 몇 달 떠나있으면 그리스도와 함께하는 충만함을 경험하지 못한다. 교회는 하나님이 친히 세우신 신비한 능력의 공간이며, 그리스도의 몸이기 때문이다. 그래서 하나님을 사랑하는 사람은 교회를 사랑하게 된다.

교회의 머리되신 그리스도

성경은 그리스도를 교회의 머리로 주셨다고 말씀한다. 교인과 그리스도의 관계, 교회와 그리스도의 관계를 몸과 머리의 관계로 말씀하신다. 이 둘은 절대로 분리될 수 없는 것이다. 그래서 예수님께서 요한복음에 말씀하신다. "나는 참 포도나무요, 너희는 가지라." 만약 홀로 맺는 열매가 있다면 그것은 썩어질 열매다. 열매의 진원지는 가지이기에 열매는 가지에 붙어 있어야 한다. 절대 분리될 수 없다. 만일 분리되면 어떻게 되겠는가? 생명이 없고, 연합이 없고, 신앙적 인격이 없다. 나를 비롯하여 주변을 보자. 대부분의 문제는 그리스도와 연합하지 못했기 때문에 일어난다. 교회와 연합하지 못했기 때문에, 교회의 권세를 모르기 때문에 하나님을 대적하게 되는 것이다. 인간의 불행, 비극, 다툼, 싸움 등 이 모든 것의 원인이 바로 여기에 있는 것이다.

"교회는 그의 몸이라." 하나님께서 예수 그리스도를 교회의 머리로 주셨다. 여기서 머리라는 것은 그리스도의 주권과 통치를 말한다.

"교회는 그의 몸이니
만물 안에서 만물을 충만하게 하시는 이의 충만함이니라."
이보다 교회를 자세히 설명한 하나님의 계시는 성경에 없다.
교회에 대한 가장 완벽한 계시다.
교회에는 그리스도의 충만이 있어야 한다.
부활하신 그리스도의 충만, 역사의 주인이신
하나님의 충만이 교회에 있다.

머리는 예수님이고 몸은 교회다. 그러니까 몸은 머리에서 내리는 지시대로 순종해야 한다. 머리의 지시를 그대로 따르지 않으면 비인격적 관계가 된다. 머리에서 명하는 말씀, 지시하는 것을 영접하고 반복적으로 훈련해서 그대로 순종해야 한다. 물론 이 순종이 한번에 되지는 않는다. 예수님께서 말씀하시는 데 몸이 거역한다. 그러니까 반복적인 훈련을 통해서 순종하도록 노력해야 한다. 그것이 교회의 책임이요, 우리의 몫인 것이다. 말씀이 있는데도 순종하지 않으면 아무것도 없다. 이게 바로 교회 권세의 문제다. 마틴 루터와 존 칼빈을 통해서 일어났던 종교개혁은 바로 교회의 권세를 바르게 회복하고자 했던 운동이다. 당시 교회의 주권과 통치, 권세를 교황이 갖고 있었기에 그것을 바로 잡기 위해 종교개혁이 일어난 것이다. 교회의 권세는 오직 그리스도께 있다. 오늘날도 참된 교회는 주권이 예수 그리스도께 있음을 믿고 순종한다. 교회의 권세는 인간이 가져서는 안 될 것이다. 그렇게 되면 이미 교회가 아닌 것이다.

그리스도로 충만한 교회

"교회는 그의 몸이니, 만물 안에서 만물을 충만하게 하시는 이의 충만함이니라" (엡 1:23). 이보다 교회를 자세히 설명한 하나님의 계시는 성경에 없다. 교회에 대한 가장 완벽한 계시다. 교회에는 그리스도의 충만이 있어야 한다. 부활하신 그리스도의 충만, 역사의 주인이신 하나님의 충만이 교회에 있다.

그런데 문제가 어디 있는가? 이 충만을 인간이 만들려고 하는 데 있다. 이것을 고백하고 증거하는 것이 아니라, 이 충만을 만들어내기 위해 교회를 구제기관으로, 선교기관으로, 교제기관으로 전락시킨다. 그래서 교회에 수많은 이벤트와 교육 프로그램이 만들어지는 것이다. 교회는 하나님의 부르심에 응답하고 하나님의 충만을 경험하는 곳이다. 그리고 그런 경험을 할 수 있는 최고의 기회는 예배다. 그런 점에서 교회는 예배자의 공동체다. 하나님의 지혜와 능력이 교회의 충만을 통해서, 즉 예배를 통해서 나타난다. 이 은혜의 충만함을 경험한 자는 세상 속에서 복음의 증인으로 살게 되어 있다. 이것이 하나님께서 역사하시는 것이다. 길이요, 진리요, 생명이신 그리스도를 섬기며 함께하는 삶은 그의 몸된 교회의 권세를 인정하고 그 충만함을 체험하는 자다. 하나님께서는 그들과 함께하시고 그들의 삶을 통해서 기뻐하며 주의 나라를 이룰 것이다.

교회사에 이런 전설이 있다. 예수님이 승천 후 하늘나라에 계시는데 천사들과 이야기하는 중에 가브리엘이 예수님께 묻는다. "예수님

지상에서 고생 많이 하셨죠? 고난 많이 받으셨죠?" 예수님께서 "그렇다"고 답했다. "그런데 예수님께서 지상에 가서서 그 많은 사랑과 수고를 하고 고통받고 애쓰신 사역을 세상 사람들이 다 아나요? 모르잖아요?" 이에 예수님께서 대답하신다. "아직 모른다. 그러나 팔레스타인에 가면 베드로와 요한, 야고보 몇 명만은 알고 있다." 가브리엘이 또 한 번 묻는다. "그러면 모든 사람들에게 그것을 알게 하기 위해 무슨 일을 하셨습니까?" 그러자 예수님께서 "내가 올라올 때 내 제자들과 다른 몇 명에게 증인이 되어 이 소식을 세상 끝까지 전하라고 부탁하고 왔다"고 말씀하신다. 가브리엘이 가만히 생각하니 '그 사람들은 시원치 않은데 그런 사람이 뭘 할까' 싶다. "예수님, 베드로, 요한, 야고보 그 제자들이 만일 하지 않으면 어떻게 합니까? 또 그들을 따르는 무리들이 하지 않으면 어떡합니까? 더 나아가서 21세기의 그 후손들이 하지 않으면 어떻게 됩니까?" 그때 예수님께서 이렇게 말씀하신다. "나는 다른 아무 계획도 세우지 않았다. 나는 그들을 믿고 있다."

어떻게 생각하는가? 이 엄청난 하나님의 비밀과 구원의 계획을 소수인 몇 명에게만 알리고 책임을 맡기고 승천하셨다. 그런데 오늘 이 21세기 세상을 보자. 얼마나 많은 사람들이 복음의 증인으로 살고 있을까? 이게 어떻게 사람의 계획과 능력으로 되는 일이겠는가? 예수님을 부인하던 그 한심한 제자들, 모두 겁나서 도망갔던 그들이 이 증인의 일을 하고 있다.

그것이 어떻게 가능할까? 오직 성령의 임하심으로 가능한 것이다. 하나님의 위대한 능력이 그리스도인을 증인되도록 만드셨기에 우리가 오늘도 복음을 증거하고 있는 것이다. 이천년 전에는 몇 명밖에 없었다. 오늘을 사는 우리 그리스도인들의 책임과 특권이 바로 여기에 있다. 우리는 모두 이 교회를 통해서 하나님의 위대한 사역에 동참하는 특권을 가진 것이다.

제3부 그 길을 걷는 가정

한 몸 이룸의 신비

어느 글에 나오는 결혼과 이혼에 대한 이야기다. "여자는 사로잡는 힘이 강한 남자라서 결혼했다가 뻐긴다는 이유로 이혼한다. 남자는 작고 연약한 여자라는 이유로 결혼했다가 나약하고 무기력하다는 이유로 이혼한다. 여자는 생활력이 강한 남자라는 이유로 결혼했다가 생각하는 것이 일 밖에 없다며 이혼한다. 남자는 어머니를 생각나게 한다는 이유로 결혼했다가 하루가 다르게 어머니를 빼닮아간다고 이혼한다. 여자는 명랑하고 로맨틱하다는 이유로 결혼했다가 빙충맞고 사랑타령만 한다고 이혼한다. 남자는 흐트러짐이 없고 분별력이 있다는 이유로 결혼했다가 따분하고 미련하다는 이유로 이혼한다."

한마디로 말해서 결혼을 하는 남자와 여자가 서로에게 "당신 없이는 못 살아" 하고서, 결혼한 뒤에는 "당신 때문에 못 살아"라고 하며 헤어진다. 좌우지간 결혼생활에서 장점이 단점이 되고 단점이 장점이 되는 것이다. 세상에서는 늘 일어나는 일이다. 그러나 그리스도인은 하나님께서 주시는 지혜 안에서 절대적인 가치관을 가지고 실생활의 지혜를 얻어서 살아가야 한다. 그것만이 가장 행복한 그리스도인의 삶이다.

영적 신비로서의 결혼

결혼은 하나님께서 정하신 제도다. 인간 문화의 산물이 아니다. '하나님께서 정하셨다'는 권위를 먼저 우리는 생각해야 한다. 가정은 최초의 공동체로, 그리고 최소의 공동체로 행복하게 살게 하기 위해서 하나님께서 주신 선물이다. 그래서 창세기 1장 18절은 말씀한다. "사람이 혼자 사는 것이 좋지 아니하니 내가 그를 위하여 돕는 배필을 지으리라." 하나님께서는 아담을 위하여 돕는 배필인 하와를 지어 주셨다. 그 둘이 짝을 이루어 한 가정을 이루라고 하나님께서 정하신 것이다. 그리고 창세기 2장 24절에 말씀한다. "이러므로 남자가 부모를 떠나 그의 아내와 합하여 둘이 한 몸을 이룰지로다." 참으로 신비한 말씀이다. 하나님께서 아담과 하와를 창조하고 결혼하도록 중매하고 주례까지 서신 것이라고 할 수 있다. "둘이 한 몸을 이룰지로다." 여기부터 결혼제도라는 것이 생겼다는 것을 우리는 성경적으로 먼저 인정하고 믿어야 한다.

성경은 결혼에 대해 말하면서 교회와 그리스도에 관한 위대한 비밀을 먼저 말하고 있다. 다시 말해서 그리스도와 교회의 관계를 분명히 먼저 알아야만 결혼생활에 주시는 하나님의 말씀을 알아들을 수 있다는 것이다. 에베소서를 통해서 주시는 성경 전체에서 가장 확실한 교회에 대한 정의는 이것이다. 에베소서 1장 23절의 말씀, "교회는 그의 몸이라." 아주 간단하니까 다 외우도록 하자. 교회가 그리스도의 몸이라는 말이다. 가장 확실하고 분명한 정의다. 그러면 머리는 누구인가? 예수 그리스도시다. 예수 그리스도가 머리요, 교회가 몸이다. 이렇게 한 몸을 이루었다는 것이다. 영적인 연합이요, 영적인 신비다. 다시 말해서 그리스도와 교회와 성도가 절대로 떨어질 수 없는 한 몸이라는 것이다. 그리스도가 거룩하면 우리도 거룩하고, 그가 영광 받으면 우리도 영광 받을 것이라고 성경은 말한다.

그리스도와 교회와 그리스도인이 한 몸인 것처럼 결혼도 한 몸이라는 것이다. 남자와 여자가 어떻게 한 몸이 될까? 가능한 것일까? 그러나 성경은 분명하게 한 몸이라고 말한다. 오늘 성경 본문은 창세기 2장의 말씀을 인용한 것이다. "이러므로 남자가 부모를 떠나 그의 아내와 합하여 둘이 한 몸을 이룰지로다." 이것이 남녀가 지향해야 할 목적이요, 결혼의 본질이다. 여기부터 생각해야 한다. 이전에는 '나는 나, 너는 너' 이렇게 생각했다. 그러나 결혼과 동시에 하나님께서 주시는 결혼의 본질은 무엇인가? 항상 한 몸이라는 생각 안에서 생각해야 한다는 것이다. 마치 그리스도와 교회와 성도가 하나인 것처럼, 남편과 아내가 한 몸이라는 것이다. 항상 인식해야 할 신비로운 말씀이다.

창세기 2장 23절에 아담이 이렇게 말한다. "이는 내 뼈 중에 뼈요 살 중의 살이라." 한 몸을 표현하는 상징이다. "뼈 중의 뼈요 살 중의 살이라. 이것을 남자에게서 취하였은즉 여자라 부르리라." 여자라는 말이 한 몸이라는 말이다. 아담과 하와가 결혼이라는 제도 안에서 한 몸이 되었다는 것을 고백하는 하나님 말씀이다. 창세기 2장 25절에는 가장 아름다운 표현이 있다. "아담과 그의 아내 두 사람이 벌거벗었으나 부끄러워하지 아니하니라." 가장 아름다운 결혼의 극치다. 부끄러워하지 않는다. 왜인가? 한 몸이기 때문이다. 한 몸이기 때문에 하나님께서 정하신 바를 순종함으로써 말씀을 그대로 느끼고 경

결혼과 동시에 하나님께서 주시는 결혼의 본질은 무엇인가?
항상 한 몸이라는 생각 안에서 생각해야 한다는 것이다.
마치 그리스도와 교회와 성도가 하나인 것처럼
남편과 아내가 한 몸이라는 것이다.

험하는 것이다. 바로 영적인 결합이요, 신비다.

미국에 32대 대통령인 플랭클린 루즈벨트가 겪은 참 아름다운 이야기가 있다. 그는 청년시절 꿈과 패기가 굉장했다. 장래가 유망한 젊은이였는데, 뜻하지 않은 사고로 관절염에 걸려 다리가 말라비틀어지는 병에 걸린다. 그래서 하는 수 없이 다리에 쇠붙이를 고정하고 휠체어를 질 수밖에 없는 신세가 되었다. 패기 많은 청년이 얼마나 낙심했겠는가? 그 때의 약혼녀가 유명한 영부인인 엘레나. 그가 뼈를 깎는 고통의 각오를 하고 비통한 마음으로 엘레나에게 이렇게 묻는다. "내가 불구자가 되었는데도 당신은 나를 사랑합니까?" 그 때 엘레나가 조용하게 말한다. "그럼요. 당신은 내가 그 동안 당신의 성한 다리만 사랑한 줄 아셨나요? 내가 사랑한 것은 루즈벨트라는 사람 전부입니다." 그야말로 한 몸으로 신비하게 연합된 모습을 보여준다. 바로 이러한 것을 우리가 누리고 살도록 만들어주신 것이 결혼이라는 제도다.

그런데 오늘 시대의 가장 큰 불행이 무엇인가? 가장 큰 비극은 이 진리를 모른다는 것이다. 이 진리를 모르고 결혼생활을 한다는 것이다. 이것이 하나님께서 창조하신 결혼생활에 반드시 필요한 하나님의 말씀이다. 그래야만 행복할 수 있고 성공할 수 있다.

한 몸, 하나됨

한 몸이라는 결혼생활의 그 비밀을 알면 거기에 주어진 특권도 알게 된다. 먼저 그리스도와 교회의 하나됨을 알아야 한다. 그리스도가 머리요, 교회가 몸이요, 그리스도인이 지체다. 앞서 말한 것처럼 하나됨이란 함께 거룩해지고 영광받는 것이다. 그런데 영광에 동참하는 자는 고난도 함께 받아야 한다. 그래야 참된 한 몸을 이루는 것이다. 그래서 로마서 8장 17절 후반부를 보면 사도 바울이 이렇게 말하고 있다. "우리가 그와 함께 영광을 받기 위하여 고난도 함께 받아야 할 것이니라." 예수님께서도 팔복을 통하여 말씀하시지 않는가? "의를 위하여 박해를 받은 자는 복이 있나니 천국이 그들의 것임이라"(마 5:10). 그러고 보면 그리스도인은 한번쯤은 핍박을 받아야 한다. 정말 어디에 하소연도 못할 만큼 억울한 핍박을 받아야 한다. 그러나 교회의 영광을 위하여 하나님과 기도하면서 인내하는 것이다. 그런 과정을 통해서 이 신비한 연합을 이루어 나가는 것이다.

마찬가지로 한 몸을 이루는 결혼생활에서도 특권과 고난이 함께 하는 것이다. 좋을 때만 한 몸이고 좋지 않을 때는 딴 몸일 수는 없지 않은가? 그 영광에 동참하듯이 그 고난도 함께하는 것이다. 어떻게 보면 그리스도의 영광에 동참하는 길은 고난의 상징인 십자가의 길을 통해서다. 결혼생활도 이와 같다는 것이다. 그 영광에 동참하려면 같이 고난을 겪어야 하는 것이다. 그것이 한 몸인 것이다. 자신은 영광만 갖겠다는 사람은 절대 행복할 수 없다. 같이 수고하고 애쓰고 같이 고난 받으면서 함께 열매 맺는 것이 결혼생활이다. 그래서 하나님께서는 교회와 그리스도의 관계로 결혼에 관한 지혜를 우리에게 허락하신 것이다. 한 몸이 하나님의 절대 명령임을 모르기 때문에, 또한 믿지 않기 때문에 이혼하는 것이다. 세상 사람도 그렇고 그리스도인도 그렇다. 배우자가 절대적으로 하나님께서 주신 한 몸이라고 믿으면 갈라 설 수 없는 것이다. 또 불행할 리도 없다. 왜일까? 하나님께서 복을 주실 것이기 때문이다.

결혼에 대한 재미있는 에피소드가 몇 개 있는데, 그 중 엘리자베스 테일러에 관한 이야기다. 그녀는 전설적인 영화배우로 결혼과 이혼을 많이 한 여배우로 유명하다. 요즘에는 이혼한 이들이 많지만 그 당시에는 참 드문 일이었다. 한 번은 기자가 그녀에게 물었다. "전남편의 수가 모두 몇 명입니까?" 그녀의 대답이 걸작이다. "당신, 지금 나 기억력 테스트하는 건가요?"

요즘은 이혼이 너무나 자연스럽다. 세 쌍 중의 한 쌍이 이혼을 한다고 하니 참으로 많다. 이제는 이혼하는 것이 무감각해질 정도다.

하지만 이것은 하나님의 절대 계시에 대한 무지에서 비롯된 것이다.

또한 결혼생활이 얼마나 힘든지를 알려주는 시사적인 유머가 있다. 극작가인 버나드 쇼에게 누가 이렇게 물었다. "금요일에 결혼하면 불행해진다고 하는데 그 말을 믿으십니까?" 서양 사람은 13일의 금요일을 제일 싫어하기 때문에 가능하면 금요일에는 결혼하지 않는다. 버나드 쇼의 대답이다. "물론이죠. 금요일이라고 예외가 될 수 있나요?" 항상 불행하다는 말이다. 결혼생활은 항상 고민거리고 걱정거리다. 그러나 한 몸 이룸의 원리가 하나님께서 나에게 주신 가장 완벽한 지혜의 말씀임을 믿고 영접하자. 결혼은 하나님께서 계시한 한 몸으로부터 출발하는 것이다. 거기부터 거룩한 상상력을 발휘해야 한다.

한 몸 이룸의 이해

그러면 한 몸이 되는 의미와 비결은 무엇일까? 거기에 대해서도 구체적으로 에베소서 5장 31절은 말씀한다. 창세기 2장 24절 말씀의 인용이다. "이러므로 사람이 부모를 떠나 그의 아내와 합하여 그 둘이 한 육체가 될지니." 지금 사도 바울은 성령충만한 역사 가운데 창조의 비밀을 끌어와서 결혼에 대한 완벽한 목적과 의미와 비결을 알려주고 있는 것이다. 예수님도 마태복음에서 이 말씀을 인용하신다. 마태복음 19장 6절에서 이 말씀을 인용한 다음에 결론을 내리신다. "그런즉 이제 둘이 아니요 한 몸이니 그러므로 하나님이 짝지어 주신 것을 사람이 나누지 못할지니라."

이 말씀이 무엇을 뜻하는지를 두 가지 차원에서 살펴볼 수 있다. 첫째는 '부모를 떠나'이다. 이 말씀을 깊이 알아야 한 몸을 이룰 수 있다. 먼저 결혼은 부모를 떠나야 한다. 그런데 성경에는 "부모를 공경하라"고 말씀한다. 그런데 어떻게 부모를 떠나는가? 이것은 이런 차원의 말씀이 아니다. 존재나 관계를 단절하는 것이 아니라 부모를 떠나서 새로운 독립적인 가정을 이루라는 뜻이다. 새 가족이라 함은 그 주체와 주도성이 신랑과 신부에게 있다는 것이다.

'부모를 떠나라'는 말씀은 참으로 중요하다. 그래야 한 몸이 되기 때문이다. 부부의 한 몸을 방해하는 가장 큰 요소가 떠나지 않음에 있다. 대표적인 경우가 자녀가 부모에게 너무 의존적이라는 것이다. 결혼하고도 계속 의존적인 자녀가 있다. 경제적으로, 정신적으로…… 이것은 더 큰 문제다. 사회적으로도 계속 의존적인 관계에 있다. 이런 사람들은 행복하지 못하다. 부모를 완전히 떠남에 행복이 있다. 또 부모들이 너무 간섭하는 경우가 있다. 그것도 그들을 행복하지 못하게 하는 중요한 이유다. 결혼한 자녀들에게 가풍을 익히게 한다는 명분으로, 또는 서로 친하게 지내자는 명분으로 함께 살다가 독립시키는 부모들이 있다. 나름대로 지혜인 듯하나 성경을 거스르는 것이다. '부모를 떠나' 결혼은 여기부터 시작해야 한다. 그래서 구약성경에 보면 결혼한 사람은 전쟁이 일어나도 군대에 보내지 않는다. 무조건 부부가 1년을 같이 살아야 한다. 부모는 무조건 떠나보내야 하고 아무도 간섭하면 안 된다. 이것이 하나님의 뜻이다. 한 몸을 이루는 과정을 치러야 되기 때문이다. 그런데 결혼한 두 사람만도 한 몸이 되기 힘든데 이것저것 다 섞여 있는 경우가 많다. 가만 살펴보면 그 주변이 더 큰 문제다. 나도 청년들을 상담하면서 그런 경우를 많이 보았다. 혼사로 인해 파경에 이르는 것을 보았다. 당사자들에게는 별 큰 문제가 없다. 꼭 주변 부모와 형제들이 긁어 부스럼을 만들어 일을 크게 벌인다. 그러므로 완전히 떠나보내야 한다. 부모는 떠나보내고 자녀도 떠나야 결혼할 자격이 생긴다. 그래야 한 몸을 이룰 수 있는 것이다. 성경은 이것을 우리에게 알려준다.

  두 번째는 '그의 아내와 합하여'다. 이제부터는 내 아들, 내 딸이 아니다. 그들은 당당히 한 가정의 남편과 아내다. 부모들은 이에 마땅하게 대접해야 한다. 그런 자세로 대화를 나누어야 한다. 물론 본

그리스도의 영광에 동참하려면 같이 고난을 겪어야 하는 것이다.
그것이 한 몸인 것이다. 자신은 영광만 갖겠다는 사람은
절대 행복할 수가 없다. 같이 수고하고 애쓰고
같이 고난받으면서 함께 열매맺는 것이 결혼생활이다.

인들도 더 이상 자기가 누구의 아들딸이 아닌 한 아내의 남편이요, 한 남편의 아내로 인식해야 한다. 주도적이고 책임적인 관계와 결단을 내리는 거기부터 가정의 위기를 회복해야 한다. 그래야 한 몸을, 독립적인 한 가정을 이룰 수 있다.

그런데 결혼을 하고도 이전 방식으로 돌아가고자 한다. 결혼 전 과거에 살던 방식으로 계속해서 생각하고 판단하고 결정을 내린다. 그러니 온전한 결혼생활을 할 수 있겠는가? 적어도 하나님의 말씀인 "한 몸을 이룰지로다"라는 영적이고도 실제적인 신비를 절대 이룰 수가 없는 것이다. 그래서 성경에는 아주 구체적으로 그 예를 제시한다. 한 몸의 관계를 분명하게 인식하고 배우고 훈련해야 한다. 마치 대학을 졸업하고 처음 직장에 들어가 어수룩하게 직장생활을 할 때처럼 훈련기간이 필요하다. 이제 처음 결혼생활하는 사람들은 그러한 관계를 만들어주어야 하고 또 스스로 알아야 한다. 이것은 저절로 되는 것이 아니다. 떠나서 합하는 삶의 훈련이 있어야 한다.

한 몸으로 수용하다

목회자이기 때문에 주례를 할 기회가 많은데, 주례시 여러 말씀 중 항상 하는 말이 두 가지 있다. 결혼 전에도 해주고, 주례 때도 한다.

첫째가 수용성이다. 사랑은 수용성이다. 한 몸을 이루려면 무조건 수용해야 한다. 결혼 전에는 좋은 것만 보여주었지만, 결혼하면 단점도 보여주는 무방비 상태가 된다. 다 보여줄 수밖에 없지 않은가? 이때 사랑의 정의를 다시 내려야 한다. "사랑이란 과거, 현재, 미래를 다 수용하는 것이다. 몰랐던 것뿐이지 원래 그런 것이다." 이렇게 생각해야지 어떻게 사랑한다고 하면서 이럴 수 있느냐고 원망하면 안 된다. 그래서 주례 때 꼭 말한다. "사랑이란 전적으로 수용하는 것이다." 어느 정도 수용해야 하는가? 예수님께서 우리를 수용하셨듯이 수용해야 한다. 그래서 수용성은 신앙적 차원에서만 있을 수 있는 것이다. 나 같은 죄인을 그대로 안아서 의인되게 하셨지 않은가? 그처럼 우리가 그리스도의 사랑을 아는 그리스도인이라면 사랑의 정의를 Receptiveness, 즉 수용하는 것이라고 내려야 한다. 좋아하는 것만 좋아하고 싫어하는 것은 바꾸어야 한다는 생각은 사랑이 아니다.

두 번째로 사랑은 '하나님의 은사'다. 분명히 내가 선택하고 내가 사랑의 감정을 느낀 것 같지만 그렇지 않다. 사랑의 감정은 사회과학적으로 일년반 밖에 지속되지 않는다고 한다. 자신을 한 번 돌이켜보자. 당신의 사랑은 얼마나 지속되고 있는가? 사랑은 계속 공급받아야 하는 하나님의 은사다. 하나님께서 사랑의 마음을 주셔야 하기 때문에 사랑은 영적인 것이다. 그러므로 하나님의 사랑을 받으면 남을 사랑할 수 있게 된다. 하나님의 사랑을 받으면 배우자를 적극적으로 사랑할 수 있게 된다. 그런데 하나님과의 사랑이 메마르면 오래 가지 못한다. 길어야 몇 년뿐이다. 자녀 때문에, 체면 때문에 그냥 유지하는 것뿐이다. 원래 그렇다. 사랑의 길은 오직 하나님의 은사다. 이것을 믿을 때만 가능하다. 하나님의 은혜를 충만히 누리면 표현 못할 정도로 감사한 것이다. 사랑은 하나님께서 주신 선물이니까 그렇다. 그래서 반드시 신앙생활을 해야 되고 반드시 말씀 중심, 예배 중심의 삶을 살아야 한다. 이 두 가지를 권면하게 된다. 그 이유는 "한 몸일지니라"라는 바로 이 말씀 때문이다. 그리스도와 한 몸을 이룸으로 마르지 않는 사랑의 샘에 거하게 되는 것이다.

정신분석학자 폴 투르니에가 쓴 *Marriage Difficulty*라는 책이 있다. 이 책에서 그는 우리에게 간단한 지혜를 준다. 수용성에 관한 지혜다. 당신의 이야기를 사려깊게 들어주고 당신에게 깊은 관심을 갖는 사람이 바로 당신의 배우자라면 세 가지 일이 반드시 일어난다. 첫째, 두 사람이 맺은 전반적인 관계가 더 깊고 튼튼하게 이루어져 갈 것이다. 둘째, 부부로서 당신들은 쉽사리 깨지지 않는 연합을 향하여 결속됨으로 하나됨을 느낄 수 있을 것이다. 셋째, 두 사람의 관계 속에 안정감을 주는 따뜻함이 넘치게 될 것이다.

이것은 수용성에서 온 것이다. 들어주고 이해하려고 애쓰지 않는가? 배우자가 아프다고 하면 배우자를 한 몸으로 생각하는 수용성이 있는 사람은 배우자의 아픔과 함께한다. 그 아픔을 자기도 느낀다.

그런데 아프냐고 말 한마디 하면 끝이다. 아무 감각이 없다. 이런 상태는 따로따로 사는 것이지 한 몸이라고 할 수 없다. 하나님께서 원하시는 관계는 배우자의 고통을 함께 느끼고, 배우자의 기쁨을 함께 누리는 것이다. 한 몸의 관계에서 인격적으로 생각해야 한다. 그리고 배워야 한다. 더 중요한 것은 훈련해야 된다는 것이다. 이제 하나님께서 우리에게 지혜도 주셨고, 지성도 주셨고, 의지도 주셨다. 분명히 결혼의 지혜와 진리를 하나님께서 주셨다. 이것을 가지고 믿고 수용하면서 개발해야 한다.

한 몸이라는 생각을 가질 때 진정한 그리스도인의 복된 삶을 누릴 수 있다는 것이 하나님의 말씀이다. 성경은 가장 행복한 결혼생활의 비결을 아주 구체적으로 그 방법까지 우리에게 제시한다. 에베소서 5장 33절에 이렇게 말한다. "그러나 너희도 각각 자기의 아내 사랑하기를 자신같이 하고 아내도 자기 남편을 존경하라." 남편이 아내 사랑하기를 마치 예수 그리스도께서 교회를 사랑하심과 같이, 자신을 주심과 같이 사랑하라는 것이다. 교회와 그리스도의 관계로 남편이 마땅히 해야 할 바의 본질을 말씀한다. 아내에게는 남편을 존경하고 복종하라고 말씀한다. 교회가 그리스도에게 하듯, 그 관계에서만 한 몸을 이룰 수 있다. 한 몸은 오직 사랑과 존경, 이 신비에서만 이룰 수 있다. 불가능하지 않다. 이 방법대로 사랑과 존경이라는 자기의 역할을 다할 때, 하나님께서 한 몸의 삶을 주시겠다는 것이다.

　행복한 길은 오직 이 길뿐이다. 예수 그리스도와 교회가 한 몸을 이룬 관계 안에서 지혜를 얻을 수 있다. 그 안에서 부부관계, 가정이라는 공동체의 관계가 신비한 생명의 일치를 이룰 수 있다.

아내가 걸어야 할 길

 그리스도인은 거듭난 하나님 나라의 백성이다. 그러므로 하나님 나라 안에 있는 삶의 가치관이 필요하다. 구체적으로 그리스도인의 결혼관이 필요하다. 세상의 결혼관과 그리스도인의 결혼관은 완전히 다른 것이다. 세상 사람은 세상에 살고, 그리스도인은 하나님 나라 안에 살기 때문이다. 따라서 그리스도인의 결혼생활도 예수 그리스도께서 가르치고 보여주신 그 길로 가야 한다.

이런 우스운 이야기가 있다. 어떤 유명한 잡지의 독자 질문란에 다음과 같은 편지가 실렸다. "나는 지금 한 여자와 동거를 하고 있습니다. 그런데 이 여자가 결혼을 요구하네요. 하지만 나는 결혼할 생각이 전혀 없습니다. 어떻게 해야 할지 좋은 방법을 알려주십시오." 그

리고 추신으로 이런 말이 덧붙여져 있었다. "도덕이나 윤리니 하는 이런 말들은 제발 빼고 답해주십시오." 답글에는 이렇게 적혀있었다고 한다. "선생님의 글은 잘 보았습니다. 저는 인간과 동물의 차이는 도덕성에 있다고 믿습니다. 선생님의 입장에서 조언받기를 원한다면 가축병원 의사에게 문의하시는 것이 더 좋을 것 같습니다."

그렇지 않은가? 이 세상에도 도덕이니 윤리니 하는 나름의 가치관 안에서의 결혼관이 있다. 하나님 나라에는 말씀 안에서 결혼관과 생활관이 있다는 것을 우리는 알아야 한다. 나의 경험과 나의 지식으로 판단해서는 안 된다.

순종으로 나타나는 사랑

그리스도인의 결혼관에 대해서 성경이 가르치는 가장 대표적인 말씀은 에베소서 5장 22~24절에 나온다. "아내들이여 자기 남편에게 복종하기를 주께 하듯 하라. 이는 남편이 아내의 머리됨이 그리스도께서 교회의 머리됨과 같음이니 그가 바로 몸의 구주시니라. 그러므로 교회가 그리스도에게 하듯 아내들도 범사에 그 남편에게 복종할지니라." 에베소서는 먼저 아내들에게, 그리고 남편들에게, 그리고 부부에게 주시는 말씀으로 기록되어 있다. 먼저 아내에게 주시는 말씀이 나온다.

　22절 말씀이다. "아내들이여 자기 남편에게 복종하기를 주께 하듯 하라." 그리스도인의 결혼관에 대해서 하나님께서 "부부들이여" "남편들이여" 하지 않고 먼저 "아내들이여" 하고 시작했다. 여기에는 깊은 의미가 담겨 있다. 마음에 들든지 안 들든지 성경은 "아내들이여 자기 남편에게 복종하기를 주께 하듯 하라"고 한다. 아마 아내들은 거부반응이 생길 수도 있을 것이다. 그래서 '그 시대에 주신 말씀이겠지' 하고 생각할지도 모른다. 그러나 하나님의 말씀은 시대를 초월한다. 또 어떤 사람은 '이것은 하나님의 말씀이 아니고 사도 바울의 간증이야'라고 해석한다. 그러나 그렇지 않다. 하나님의 말씀이다. 하나님께서 사도 바울의 개인적인 편지를 하나님의 말씀되게 하신 것이다. 더욱이 신학적 사고를 가진 사람은 이렇게 말한다. '이건 문화적인 것이다. 문화적 상황이 우리하고는 다르다.' 시대가 다르기 때문에 말이 안 된다고 여기는 것이다. 그러나 있는 그대로 하나님의 말씀이다. 이 말씀 안에 담겨 있는 깊은 의미를 상고해야 하나님의 지혜와 하나님이 정하신 질서를 깨달을 수 있다.

　먼저 우리는 이런 생각을 하게 된다. '왜 아내들에게 먼저 말씀하는 것일까?' 여성들 입장에서는 그렇다. '이왕이면 남편들 먼저 하지 왜 아내들이지? 그 당시도 그렇고 오늘도 그렇고 남성 위주의 사회에서 살고 있는데 말이야. 남편에게 문제가 더 있으면 있지 여자는 피해자인데 왜 아내들부터 말씀하는 것이지?' 그러나 이것은 하나님께서 정하신 것이다. 그러나 여기서 분명한 것은 여성을 비하하거나 가정불화의 본질이 여성에게 먼저 있기에 하는 말씀이 아니라는 것이다. 하나님의 뜻이기 때문이다. 그 의미는 성경 안에서 찾아야 한다. 그 이유는 복종의 문제이기 때문이다. "남편에게 복종하기를 주께 하듯 하라." 바로 앞 절인 21절을 보자. "그리스도를 경외함으로 피차 복종하라." 이 말씀을 주시고 피차 복종하는 인간관계를 말씀한 후 가장 중요한 세 가지 관계를 제시하고 있는 것이다.

본문말씀 전체가 부부와의 관계이고, 6장 1절부터는 부모자식 간의 관계이며, 마지막으로 상전과 노예 간의 관계다. 하나님께서는 가정에서 가장 중요한 부부 간에, 부모와 자식 간에, 그리고 사회에서 상전과 노예 간에 피차 서로 복종하라고 말씀하고 있는 것이다. 이 모든 일에서 그리스도를 경외하듯 하라는 말이다. 그 복종의 관계에서 먼저 아내에게 말씀하시는 것이다. 아내가 할 본질이 복종이기 때문에 먼저 '아내들이여' 하며 말씀하시는 것이다. 남편들에게는 다른 말씀이 있다. 그러한 차원에서 이 말씀을 이해해야 한다.

"아내들이여 자기 남편에게 복종하기를 주께 하듯 하라."
이 말씀이 이루어지는 가정에 하나님께서 복을 주실 것이다.
이 말씀 가운데 하나님께서 넘치는 은혜를 주실 것이다.

가정의 권위를 인정하는 사랑

먼저 그 당시의 여성들에 대해 이해해보자. 유대인들이 여성을 생각하는 것은 오늘 시대와는 차원이 다르다. 유대인 남자들이 성전에서 기도하는 것을 보면 알 수 있다. "하나님 감사합니다. 나를 이방인이나 노예나 여성으로 만들지 않음을 감사합니다." 도대체 무슨 말인가? 여성은 이방인이나 노예 같은 낮은 지위에 있었다. 그러한 상황에서 주신 말씀이다. 또한 이혼증서만 보아도 그렇다. 여성은 감히 이혼할 수가 없었다. 그러나 남성에게는 이혼이 너무나 쉬운 것이다. 그저 친한 랍비한테 가서 "저 사람과 이혼함"이라고 적힌 종이만 받아오면 끝나는 것이다. 여성의 인권이라는 것은 상상할 수 없는 시대였다. 이러한 상황에서 주신 말씀이다. 또한 유대인뿐만 아니라 당시 전 세계를 지배한 헬라 문화나 로마법에서의 여성관은 더 나쁘다. 아마 인류역사상 가장 나쁠 것이다. 그 예 중의 하나가 매춘이다. 어디를 가든지 매춘은 합법이었다. 그래서 남편이 아내에게 "나 오늘 나가서 창녀와 함께 즐기다 오겠소" 해도 아내는 뭐라 대꾸하지 못한다. 이것은 지도자들로부터 시작하여 모든 남편들의 특권이다. 이 특권이 그냥 인정되는 사회였다. 오늘날 선진국들 가운데 점차 이렇게 되어 가는 국가들이 늘고 있다고 한다. 심지어 유럽의 몇몇 국가에서는 남편이 회사에서 돌아와 쉬고 있으면 창녀들이 돌아다니면서 문을 두드린다고 한다. 그래서 남편이 나가서 돈 없다고 하면 카드도 된다고 대답한다. 참으로 믿어지지 않는 현실이다. 그런데 성경이 기록된 시대에는 매춘이 지금보다 더 합법화된 시기니 얼마나 타락하고 여성비하가 심했겠는가? 더욱이 이혼증서라는 것은 유대인에게나 있는 것이지 다른 나라에는 있지도 않았다. 그냥 "이혼!" 이러면 끝난다. 그만큼 여성이 비하되던 시대였다. 가정이 혼란스럽고 파괴되던 시대였다. 그와 같이 혼란스럽고 혼탁한 결혼관이 횡행하던 시대에 하나님께서 주신 말씀이 바로 오늘 본문이다. 그래서 이 말씀이 21세기를 사는 우리에게 더욱 더 가까이 와닿는다. 점점 결혼관에 대한 본질을 회복할 시기라는 생각을 하게 된다.

"아내들이여 자기 남편에게 복종하기를 주께 하듯 하라." 이 말씀에서 가장 중요한 단어는 '복종'이다. 이 '복종'이란 말은 거부반응이 많은 단어다. 복종이란 권위에 대한 문제다. 다시 말해서 '왜 가정생활이 그 당시나 오늘이나 다 파괴되고 혼란스럽고 불행한가?'에 대한 답을 주는 단어다. 즉 권위가 잘못되었기 때문이다. 권위의 질서가 파괴되었기 때문에 온전한 가정을 이룰 수가 없다는 것이 하나님의 관점이다. 그래서 가장 먼저 복종의 문제를 언급하고 있는 것이다. 복종에는 두 가지 권위의 문제가 있다. 먼저는 가정이라는 권위(the authority of the family)다. 세상에서는 가정과 결혼관을 사람들이 문화적으로 만든 것으로 생각한다. 적어도 예수를 믿지 않는 사람은 100% 그렇게 생각한다. 그래서 인간문화의 제도가 변함에 따라서 새로운 결혼의 형태가 있을 수 있다는 것이다. 특별히 오늘날 젊은이들은 결혼하지 않아도 된다, 더 나가서 동거해도 문제가 되지 않는다고 생각한다. 특히 경제적으로 잘 살고 교육수준이 높은 선진국가일수록 더욱 더 그렇다. 그러나 성경은 가정과 결혼은 하나님께서 정하신 제도라고 선언한다. 그래서 나는 결혼주례를 하면서 이 말을 항상 언급한다. 결혼이란 인간 최초의 공동체로 하나님께서 정하신 것이다. 가정은 최소의 공동체요 하나님께서 창조하신 마지막 작품이다. 우리는 결혼의 권위, 즉 하나님께서 부여하신 가정의 권위를 인정해야 한다. 여기부터 시작해야 한다. 그런데 이 권위가 없어진 것이다.

두 번째 권위문제는 가정 안의 권위(the authority in the family)다. 가정 안에 질서가 없다는 것이다. 예를 들면 이렇다. 어느 나라든 대통령은 한 사람이다. 왜 한 사람이겠는가? 두 사람이면 좋지 않은가? 아니 열 사람이면 더 지혜를 모아서 잘 할 수 있지 않은가? 백 사람이면 더 좋은 것 아닌가! 그러나 누구나 안다. 대통령은 한 사람이어야 한다는 것을 말이다. 불완전하지만 한 사람이어야 질서가 있는 것이다. 즉 권위의 문제다. 모든 공동체에는 권위가 있어야 한다. 그 권위가 인정되면 질서가 잡히고 질서 안에서 화목이 이루어지는 것이다. 그러나 이 질서가 깨지면 분쟁이 생긴다. 결국은 불화와 불행으로 이어진다. 가정의 권위는 한 사람에게 있다. 성경은 분명히 남편에게 권위를 주셨다. 아내가 할 역할은 그 권위를 인정하는 것이다. 오늘 이 시대에 가장 큰 문제가 그 권위를 혼자가 아니라 둘이서 갖겠다고 하는 데 있다. 이런 가정은 파괴되는 것이다. 간단한 것이다. 하나님께서 보시는 문제의 해결책이다. 이 세상에도 하나님의 권위만 있으면 얼마나 행복하겠는가? 그러나 이 세상에는 하나님을 대신할 권위자들이 많다. 많으면 많을수록 세상은 시끄럽다. 근본적인 해결책이 권위의 문제라는 것을 우리는 기억해야 한다. 그래서 성경은 말한다. "아내들이여 자기 남편에게 복종하기를……" 남편의 권위를 인정하라는 것이다. 그것을 주의 권위를 인정하듯 하라는 것이다. 그래서 "주께 하듯 하라." 이 말씀을 주신 것이다.

내가 이런 말씀을 전하면 상담전문가들은 말도 안 된다고 할지 모르겠다. 그런데 이름 있는 가정상담가 가운데 가정이 깨진 지 오래된

이들이 많다. 남들을 상담하면서 자기 스스로는 가정을 지켜 나가지 못한다. 근본적인 문제를 모르기 때문이다. 근본적인 문제는 권위 문제라는 것을 성경은 말한다. 결혼생활은 어려운 것이다. 그래서 불화가 있고 불행이 있는 것이다. 러시아에 이런 재미있는 속담이 있다. "싸움터에 나갈 때는 한번 기도해라. 바다에 나갈 때는 두 번 기도해라. 결혼할 때는 세 번 기도해라." 그만큼 결혼이 어렵다는 것이다. 어려운 문제일수록 성경의 말씀을 더 깊이 묵상함으로 답을 찾아야 한다.

주례를 하게 되면 항상 결혼식 1, 2주 전에 예비 신혼부부를 불러서 똑같이 권면하는 하나님의 말씀이 있다. 주제는 하나다. acceptability, 곧 수용성에 관한 말이다. 두 가지를 이야기하면 혹 잊어버릴까봐 꼭 하나만 말하는데 수용성을 기억하라고 말한다. 나는 이렇게 말을 시작한다. "너희 결혼이 두 번째냐?" "아니요, 첫 번째입니다." 우리가 직장을 다녀도 처음 들어간 직장은 몇 년이 지나야 익숙해진다. 처음에는 뭐가 뭔지 모르는 게 당연하다. 그만큼 새로운 상황이 많이 생긴다. "이제 너희도 직장생활해봐서 알겠지만 결혼생활, 즉 둘이서 함께 사는 것은 너무도 어려운 일이다. 여기에서 무엇이 옳고 그르냐 하고 목소리 높이지 마라. 사랑은 수용성이다. 적어도 삼년간만은 입을 꼭 다물고 무조건 수용하는 것이다. 사랑은 과거와 현재만 수용하는 것이 아니라 미래도 믿음으로 수용하는 것이다. 이제 결혼하면 배우자의 장단점을 다 보게 될 텐데 그대로 수용하는 것이 사랑이다." 그러면 "왜 삼년입니까?" 하고 묻는다. 삼년쯤 되어야 자기주장을 포기하기 때문이다. 포기가 지혜다. 내가 나를 못 고친다. 본인은 고치고 싶은데 못 고치는 것이 인간이다. 그것을 용서해주고 이해해주는 것이다. 그래서 적어도 최소한의 시기가 필요한 것이다. 결혼생활이 행복, 그 자체만은 아니다. 문제를 극복할 때 행복이 있는 것이지 극복하지 못하면 불행의 시작이 된다. 그래서 사랑은 수용성인 것이다. 주께서 우리를 수용하셨듯이 우리도 배우자를 수용하는 것이다. 이것이 그리스도적 결혼관이요, 사랑 개념이다.

주께 하듯 하는 사랑

에베소서 말씀을 다시 한 번 생각해보자. "아내들이여 자기 남편에게 복종하기를 주께 하듯 하라." 가정에서의 권위가 최우선이다. 그래서 복종을 논하는 것이다. 그런데 이 복종의 본질이 무엇이냐 하면 바로 '주께 하듯 하라'는 것이다. 남편에게 주를 경외하듯이 복종하라는 것이 본질이다. 우리는 모두 그리스도인으로서 결혼생활을 한다. 그리스도인이란 예수 그리스도 안에서 하나님의 자녀로서 결혼생활을 하는 것이다. 항상 주 안에서 이것이 절대우선순위다. 다시 말해서 주님을 경외하여 은혜 충만한 사람은 남편에게 복종할 수 있다는 것이다. 그런데 주님을 경외하지 않는 사람은 남편에게 절대 복종하지 못한다. 그래서 믿지 않는 여성과 결혼하면 절대 행복할 수 없다. 이것이 주님께서 주신 그리스도인의 결혼관인데, 믿지 않는 여성은 주님을 경외할 줄 모르지 않는가? 그래서 남편에게 어떻게 해야 할지 모르는 것이다. 다시 말해서 결혼관에서 하나님의 말씀을 받아들이지 않는데, 어떻게 하나님께서 복을 주시겠는가? 그래서 믿지 않는 사람과의 결혼은 어떻게 보면 비극이다. 내가 기도하고 노력하여 그를 예수 믿게 할 수 있는가? 성령께서 그 마음을 움직이시고 하나님께서 하셔야 되는데 어떻게 이것을 내 마음대로 할 수 있겠는가? 먼저 주를 경외함이 있어야 남편에게도 복종할 수 있는 것이다. 여기 그리스도인의 특권과 행복이 있는 것이다.

그러면 왜 복종해야 하는 것일까? 성경은 두 가지로 그 본질적인 이유를 말씀해주신다. 우리가 항상 기억해야 할 중요한 말씀이다. 그것이 23절의 말씀이다. 먼저 남편이 아내의 머리됨이며, 또한 그리스도께서 교회의 머리되시기 때문이다.

첫째로 '남편이 아내의 머리됨'은 창조의 질서다. 창조의 질서대로 아내들이 남편에게 복종하라는 것이 하나님께서 우리에게 주신 말씀이다. 창세기 2장에 보면 하나님께서 창조활동을 하시는데 마지막으로 인간을 지으신다. 인간 중에도 남자인 아담을 먼저 창조하신다. 동시에 창조된 것이 아니다. 창조의 질서다. 두 번째로 "사람이 혼자 사는 것이 좋지 아니하니 내가 그를 위하여 돕는 배필을 지으리라"는 말씀이다. 아담이 혼자 있는 것이 하나님께서 보시기에 좋지 않으셨다. 그래서 돕는 배필로 하와를 지으셨다. 누구를 위한 것인가? 남편인 아담을 위한 것이다. 세 번째 이유는 하나님께서 남자로부터 갈빗대를 취하여 여자를 만들었기 때문이다. 하나님께서는 남자를 만드실 때 흙으로 빚으셨다. 그런데 여성을 만드실 때는 남편의 갈빗대를 취하여서 만드셨다. 이것이 창조적 질서다. 더욱이 모든 만물의 이름을 짓는데 하와는 하는 역할이 없었다. 아담이 모든 만물의 이름을 명명하게 된다. 이 모든 것이 아내가 남편에게 복종해야 하는 창조질서의 이유다. 그런데 이 창조질서의 의미 가운데 가장 중요한 것은 남녀가 다르다는 것이다. 이것을 왜곡하면 어떻게 되겠는가? 여자가 남자보다 부족하다는 말이 된다. 그러면 여성은 이렇게 말하지 않겠는가? "아니야 늦게 만드셨으니 더 완전한 거야." 서로 싸우게 된다. 여기의 본질은 남녀가 다르다는 것이다. 창조적으로 남녀가 다르다는 것을 인정하라는 것이다. 그런데 오늘날은 이것이 인정되지 않는 사회다. 남자는 남자의 고유한 성품이 있고 여자는 여자의 고유한 성품이 있는 것이다. 이것이 하나님께 꼭 필요한 것이다. 서로 다름을 통해서 성숙시키고 완전한 하나의 공동체를 이루고자 하시는 하나님의 경륜이 있다.

내 아들딸 쌍둥이를 생각하면 꼭 이 설교를 하라고 하나님께서 주신 것 같다. 내가 두고두고 생각하는데 정말 신기하다. 둘을 똑같이 교육시키고, 똑같이 입히고, 똑같이 기저귀 채우고, 무엇이든 똑같이 했다. 그런데 어쩌면 이렇게 다를까? 생긴 것도 다르지만 체격도 다르고 발달과정이 다르다. 다르다는 것이지 누가 모자라다는 것이 아니다. 어떤 것은 남자애가 더 빠르고 어떤 것은 여자애가 더 빠르다. 하나님을 믿는 부모는 그 다름을, 여성다움과 남성다움의 고유한 성격을 성경적으로 인정하고 키워가야 한다. 차별하여 키우는 부모는 아무도 없다. 똑같이 사랑하는 자녀다. 똑같은 인격체다. 단지 다름을 인식시켜주어야 하는 것이다. 이 다르다는 것이 인정되지 않으면 최소의 공동체인 가정이 파괴되는 것이다. 특히 미국에서 생활하신 분은 잘 아실 것이다. 여권신장운동 Feminist Movement은 여성의 권위를 존중함에 있어서 참으로 좋은 것이다. 그런데 잘못된 것이 있다. 남녀가 똑같다는 주장을 한 것이다. 그래서 남성과 여성을 경쟁관계에 놓이게 했다. 남성은 남성끼리 선의의 경쟁을 하고 여성은 여성끼리 선의의 경쟁을 해야 한다. 사회에서 한자리를 놓고 그냥 무한경쟁을 한다. 혼란이다. 사회는 궁극적으로 하나님의 창조질서를 반영해야 행복한데, 이 질서가 무너진 것이다.

타락 후에는 더욱 더 이 복종이 강조된다. 그래서 창세기 3장 16절은 말씀한다. "너는 남편을 원하고 남편은 너를 다스릴 것이니라." 타락 이전에 온전한 인간으로도 완전히 구별되어 창조되었는데 에덴동산에서 쫓겨난 후에는 죄로 인해서 하나님께서 진노하사 복종을 더 가중시키신다. 그래서 본문성경은 말한다. 남편이 아내의 머리가 됨으로 남편에게 복종하라는 것이 창조의 질서다. 이것이 가정의 질서와 화평을 유지하는 하나님의 지혜라고 성경은 말하는 것이다.

두 번째 '그리스도께서 교회의 머리됨'이다. 우리가 생각해보면 도대체 부부생활과 교회와 그리스도와의 관계가 무슨 상관이 있느냐고 반문할 것이다. 이는 그리스도와 교회의 절대적 유기체적 관계를 말하는 것이다. 머리가 그리스도요 몸이 교회다. 몸인 교회는 머리인 그리스도에게 절대 충성하며 항상 붙어있어야 한다. 여기서 지혜를 얻는다. 가정에서 몸인 아내가 자기 혼자 독단적인 결단을 내리면 절대 안 된다. 교회가 그리스도를 무시하고 그리스도의 말씀을 기억하지 아니하고 결단 내리지 않는다. 만약 그런다면 잘못된 교회다. 마찬가지로 가정에서도 이처럼 남편에게 복종하기를 그 관계처럼 항상 연합하라는 것이다. 아무리 내 주장이 옳아도 기다려야 한다. '합력하여 성공하라'가 아니라 '합력하여 선을 이루라'다. 얼마만큼 하나님께서 선을 이루시는가? 악하게 예수님을 십자가에 못 박음에도 불구하고 거기서 선을 일으킨 분이 하나님이시다. 그리고 예수님을 부활 승천하게 하신다. 구원이 그 악과 고통 중에 일어난다. 하나님만이 하실 수 있는 것이다. 하나님의 질서가 지켜지고 이루어지는 곳에 하나님께서 합력하여 선을 이루신다. 항상 연합적 관계에서 부부관계를 해야 한다고 아내에게 주시는 말씀이다.

더욱이 에베소서 5장 24절에 보면 '성경말씀이 아니었으면' 싶은 말씀이 주어진다. 바로 "범사에" 이 말씀이다. 한두 번도 아니고 범사에 그 남편에게 복종하라고 말씀한다. 교회가 그리스도에게 범사에 복종하기 때문이다. 이처럼 모든 상황에 연합적 관계로 하나의 의견을 내서 그 안에서 질서있는 삶을 살라는 것이다. 이것이 창조주 하나님의 가정에 대한 회복으로 주신 말씀이다.

가정을 지키는 사랑

데이비드 옥스버거 박사의 『사랑의 대결』이라는 책이 있는데 여기에 아주 재미있는 내용이 있어 소개한다. 부부싸움의 결론이 어떻게 맺어지는지가 세 가지 유형으로 나타난다고 한다. 첫째가 'I won, you lost'이다. 부부싸움했다. 그러면 누군가 이겼을 것 아닌가? '내가 이기고 당신이 졌어.' 이렇게 끝나면 어떻게 되겠는가? 진 사람이 다음에 두고 보자고 할 것 아닌가? 그래서 결국은 연장전으로 돌입해서 또 싸울 수밖에 없다는 것이다. '내가 이기고 네가 졌다'는 것으로는 부부싸움이 절대 끝나지 않는다는 것이다.

두 번째는 'You won, I gave up'이다. 이것은 '그래 네가 이겼어. 내가 포기한다. 내가졌다'고 말하는 것이다. 이것은 잘하는 것 같지만 그렇지 않다. 이 마음에는 자기비하가 도사리고 있다. 또 상대방에 대한 섭섭함을 넘어 증오감까지 생기기도 한다. 결국 자기 원망으로 인해서 역시 또 싸울 수밖에 없는 것이다. 이것도 해결책은 아니다.

작가는 세 번째로 해결책을 제시한다. '도어매트doormat식 부부싸움'이다. 이 표현이 재미있다. 외국 집 문 앞에는 매트가 놓여있다. 밖에서 들어올 때 흙먼지가 신발에 묻었으면 그것을 매트에 털고 들어오라는 것이다. 이런 식으로 부부싸움의 결론이 나야 행복한 가정을 이룰 수 있다는 것이다. 다시 말해서 '나를 밟고 지나가라. 그러나 진흙까지 집안에 들여놓지 말라' 는 것이다. '나는 희생할 수 있지만 가정은 소중하다. 우리의 사랑은 고귀하니 이를 깨뜨리지 말자' 는 의미다. 내가 밟히는 희생적인 사랑으로 가정을 지키겠다는 결론이 나야 가정이 행복할 수 있다. 이것이 복종이다. 이렇게 한 사람이 자원해서 복종하는 마음이 있을 때 그 희생적 수고와 사랑으로 그 가정이 회복되는 것이다. 그래서 성경은 말한다. "아내들이여 자기 남편에게 복종하기를 주께 하듯 하라."

그러므로 우리는 성경으로부터 모든 문제의 답을 얻어야 한다. 결혼에 대한 지혜도 하나님께서 주신다. 왜인가? 가정은 하나님께서 창조하신 것이기 때문이다. 그러므로 우리에게 새로운 결혼관이 필요하다. 본문이 그 말씀이다. 창조의 질서가 회복되고, 또 교회와 그리스도와의 관계에서 연합적 유기체를 이루어감같이 그 지혜가 우리 삶에 적용될 때 그 가정은 행복하고 은혜 충만한 가정으로 변화될 것이다. 그래서 하나님께서 말씀하신다. "아내들이여 자기 남편에게 복종하기를 주께 하듯 하라." 이 말씀이 이루어지는 가정에 하나님께서 복을 주실 것이다. 이 말씀 가운데 하나님께서 넘치는 은혜를 주실 것이다.

남편이 걸어야 할 길

이런 에피소드가 있다. 미국 할리우드 한복판에 위치한 학교에 갓 부임한 선생님이 아이들에게 다음달에 학부모 모임이 있으니까 미리 부모님께 말씀하라고 통보했다. 하지만 아이들의 반응이 아주 시큰둥하다. 그래서 선생님은 '아, 부모님이 촬영 때문에 다들 바쁘신 모양이구나' 하고 생각한다. 그런데 한 아이가 아주 엉뚱한 대답을 한다. "선생님, 다음달에 우리 부모가 누가 될지 알 수 없어서 그래요." 알고 보니 할리우드의 배우들이 워낙 이혼을 쉽게 하기 때문이었다. 다음 달이면 친구 부모가 내 부모가 되는 식이었다. 우스운 이야기기지만 이것이 오늘 이 세상의 모습이다.

신약성경이 기록되던 당시 로마의 상황도 그랬다. 가정생활이 완전히 파괴되던 시기였다. 헬라 철학의 높은 지식이 있음에도 불구하고 결혼생활이라는 것은 삶에서 하는 선택 중에 하나였다. '꼭 결혼생활을 지켜야 된다, 결혼이 삶에서 가장 중요한 것이다' 라는 개념이 별로 없었다. 오늘날 21세기도 별로 다르지 않다. 세계 모든 나라들, 특히 선진국일수록 이러한 경향을 띠고 있다. 그야말로 해 아래 새로운 것이 없기 때문이다.

 헬라 철학의 대표적인 철학자 소크라테스에게 제자들이 결혼에 대해서 묻는다. "결혼을 하는 것이 좋습니까? 안하는 것이 좋습니까?" 그러자 그는 주저함 없이 이렇게 말한다. "결혼하시오. 좋은 아내를 얻으면 행복할 것이고 나쁜 아내를 얻으면 철학자가 될 것이오." 실제로 그의 아내 크산티페는 소문난 악처다. 소크라테스는 철학을 연구하고 전하느라 가정에 불성실했다. 더구나 경제적으로도 무능했다. 그저 이곳저곳 다니면서 철학만 선포했다. 그의 아내는 남편과 싸우다가 화가 치솟으면 제자들이 보는 앞에서 남편 머리에 물을 붓기도 했다. 그 모습을 보며 제자들이 다시 묻는다. "선생님은 왜 결혼생활을 지속하십니까?" 그러자 그가 대답한다. "성질 나쁜 아내를 잘 달랠 수 있다면 다른 어떤 사람이라도 잘 달랠 수 있기 때문이오." 결혼생활을 유지할 수는 있어도 행복을 경험하기는 어렵다. 진정한 행복은 오직 하나님의 말씀 안에 있다. 우리는 결혼을 창조하신 하나님께 지혜가 있음을 믿고 그 진리를 하나님의 말씀으로부터 배워야 한다.

아내 사랑의 모델

에베소서 5장 25절부터 보면 남편에게 주시는 간단하면서도 심오한 진리가 있다. 25절 말씀이다. "남편들아, 아내 사랑하기를……" 아내에게 주신 말씀은 남편에게 복종하라는 것이다. 반면 남편에게 주신 말씀은 아내를 사랑하라는 것이다. 아내로서의 주도적인 책임은 남편에 대한 복종이요, 남편에 대한 주도적인 책임은 사랑이라는 것이다. 이것이 기독교적 결혼생활의 가치관이며, 가장 행복한 결혼생활의 지혜라는 것이다.

"남편들아, 아내를 사랑하라." 물론 아내도 남편을 사랑해야 한다. 그러나 사랑에 있어서 주도적인 입장은 남편에게 주어졌다는 것이다. 남편이 아내의 머리라고 성경은 말한다(엡 5:23). 가정에서 남편의 권위, 즉 지도자된 권위를 하나님께서 정하셨다. 그 권위의 근거가 사랑이라는 것이다. 거꾸로 말하면 사랑하지 않는 남편은 권위가 없는 것이다. 자격이 없는 것이다. 이미 하나님의 질서를 스스로 파

이와 같이 남편들도 자기 아내 사랑하기를
자기 자신과 같이 할지니 자기 아내를 사랑하는 자는
자기를 사랑하는 것이라.

괴한 것이다. 하나님께서 주신 남편의 권위는 사랑의 능력이다. 그러한 심오한 진리를 담고 하나님은 오늘의 결혼생활에 남편의 주도적 책임에 대해서 사랑을 명하신다.

창세기 1장 26절에서 28절까지를 보면 하나님께서 인간을 창조하신 사건이 나온다. "우리의 형상을 따라 사람을 만들자." 하시면서 주시는 말씀이 있다. "모든 것을 다스리게 하자." 선교신학적으로 보면 중요한 하나님의 선언이다. 이것을 "cultural mandate", 곧 문화적 위임이라고 한다. 모든 피조물을 다스리게 하는 권세를 인간에게 주셨다. 그런데 인간은 억압과 힘과 제도로 다스리려고 했기에 인간관계가 파괴되고 자연 질서가 파괴되는 것이다. 이것이 바로 인류역사의 불행이다.

이를 회복하러 오신 분이 예수 그리스도다. 예수님은 '인간관계에서, 피조물과의 관계에서 어떻게 통치해야 하는가?'에 대한 본을 보여주며 가르치셨다. 예수님께서 십자가의 사랑으로 사랑의 통치, 사랑의 능력, 사랑의 지배를 우리에게 보여주셨다. 사랑으로만 화해와 행복과 일치가 있는 것이다. 아주 신비하고 심오한 성경적·신학적 진리다. 에베소서 말씀에 "남편들아 아내 사랑하기를 이와 같이 하라"고 한다. 즉, '이와 같이' 사랑하라는 것이다. 그리고 사랑의 구체적인 방법을 제시해주신다. "그리스도께서 교회를 사랑하고 자신을 주심같이 하라." 바로 이것이다. 여기서 우리는 이런 결론을 내릴 수 있다. '남편이 예수 그리스도의 사랑을 모르면 자신의 권위도 없다'는 것이다. 남편 자신이 사랑을 모르기 때문이다. '나는 사랑한다'는 정도로는 안 된다. 예수님께서 교회를 사랑하심같이 남편들이 아내를 사랑하라는 것이다. 그래서 결혼은 반드시 신앙인과 해야 하는 것이다. 특별히 남편은 반드시 하나님의 사랑을 아는 자여야 한다. 그리스도의 사랑을 모르는 자는 가정의 행복을 이루어 나갈 수 없다는 말씀과 동일하다. "그리스도께서 교회를 사랑하고 자신을 주심같이 남편들아, 아내를 사랑하라." 가정생활에서 남편과 아내의 삶, 특히 남편의 역할이 예수님과 교회관계와 절대적 연관이 있다는 생각을 어느 누가 하겠는가? 오늘 이 시대의 비극은 이 연관성에 대해서 무지하고 알지 못한다는 것이다. 이제라도 이 직접적이고 절대적인 관계에서 주시는 하나님의 신비한 말씀을 깨닫고 영접해야 한다.

아가페적 사랑의 본질

여기에서 가장 중요한 우선순위의 본질은 사랑이다. "남편들아, 아내 사랑하기를 예수님께서 교회를 사랑하심같이 하라." 바로 그 사랑이다. 사랑은 영어로 love인데, 원어의 의미는 '아가페'다. 흔히 우리는 철학적으로 사랑은 여러 가지 있다고 말한다. 첫째는 '에로스' 사랑이다. 남녀간의 이성적인 사랑을 말한다. 둘째는 '필레오'다. 이것은 친구간의 사랑이다. 셋째는 '스톨게'다. 혈육간의 사랑이다. 넷째는 그보다 더 높은 차원인 '아가페'다. 부모의 자식사랑과 같은 조건 없는 수직적인 사랑이다.

본문에서 말하는 것은 바로 아가페 사랑이다. 행복한 결혼생활을 하기 위해서는 에로스의 사랑, 필레오의 사랑, 스톨게의 사랑이 다 필요하다. 그러나 행복한 가정을 성취하고 행복의 극치를 이루기 위해서는 반드시 아가페 사랑이 있어야 한다. 아가페 사랑 외에서는 결코 진정한 사랑을 느낄 수 없고 또 경험할 수도 없다. "남편들아, 사랑하라. 아가페적 사랑을 하라." 이렇게 성경은 우리에게 가르쳐주고 있다. 어떤 남자가 아내에게 결혼 20주년 선물로 아프리카 여행을 보내주겠다고 했다. 남편의 친구가 멋지다고 생각하면서 이렇게 묻는다. "그럼 30주년 선물은 뭘 해주려고 그러나?" "아, 그땐 아프리카에 있는 아내를 데려와야지." 아가페 사랑은 인간이 삶에서 경험하여 얻는 철학적 지혜로 이해할 수 있는 사랑이 아니다. 하나님의 사랑은 예수님께서 교회를 사랑하신 것과 같은 차원에서만 경험되고 이해될 수 있는 사랑이다. 그 사랑 가운데서만 온전한 남편의 권위가 있고 또한 행복이 있다는 것을 우리에게 알려주고 있는 것이다.

성경에서 이야기하는 그리스도인 결혼생활의 행복의 극치는 오직 아가페 사랑에 있다. 성경은 이것을 아주 단순하면서도 심오하게 우리에게 알려주고 있는 것이다. 그래서 말씀한다. "그리스도께서 교회를 사랑하고 자신을 주심같이 하라." 예수 그리스도께서 희생적인 사랑을 우리에게 주셨다. 이것이 아가페 사랑이다. 예수님께서 자신을 주셨다. 바로 이런 사랑을 하나님께서 남편에게 요구하고 계신 것이다. 그래야만 남편의 권위가 서고 또한 그 가운데 하나님께서 복을 주어 행복한 가정을 이루어 나갈 수 있다는 하나님의 말씀이다.

성경은 분명하게 말씀한다. 예수님께서 우리를 위해서 십자가에 돌아가실 때 그때가 언제인가? 우리가 죄인되었을 때, 우리가 연약할 때다. 그러한 때 예수님께서 우리를 위하여 돌아가셨다는 것이다. 바로 그런 사랑이다. 사랑받을 만한 자격이 있어서 예수님께서 우리를 사랑하시는 것이 아니다. 전적인 하나님의 은혜 가운데 사랑을 받은 것이다. "이와 같이 남편들아 아내를 사랑하라." 이것이 아가페 사랑이요, 하나님께서 주신 남편의 책임이다. 하나님의 관점에서 모든 결혼생활의 문제의 본질은 남편 쪽에서는 아가페 사랑이 결핍되었기 때문이다. 아니 원수를 사랑하라는 말씀도 지키는데 아내 사랑하는 것쯤이야 손바닥 뒤집는 것보다 쉽지 않겠는가? 이성적으로 생각하면 그렇지만 실제로는 차라리 원수사랑이 쉽게 느껴진다는 것이다. 그래서 오늘 성경은 그리스도의 아가페 사랑에 대해서 보다 깊은 차원에서 그 이유와 목적에 대해서 말씀한다.

에베소서 5장 26을 보라. "이는 곧 물로 씻어 말씀으로 깨끗하게 하사 거룩하게 하시고……" 왜 아내를 이렇게 사랑해야 하느냐에 대한 설명이다. 여기서 물로 씻었다는 것은 하나님의 자녀가 된 세례의 선포다. 오직 말씀으로 새롭게 될 수 있고 하나님의 자녀가 될 수 있다. '깨끗하게 하사, 거룩하게 하시고' 바로 이 두 가지 목적이 먼저 나타난다. '깨끗하게 했다'는 말은 죄 사함이다. 우리는 죄인이지만 말씀으로 치유되어서 의롭게 되었다. 도대체가 사랑할 만한 대상이 아니지만 하나님께서 말씀과 사랑으로 치유하셔서 사랑의 대상으로 만들어 놓으셨다. 이것이 '칭의'다. 그리고 '거룩하게 하려고'는 성화다. 이제 의인의 삶을 계속 영위하고 거룩한 삶을 누리게 하시기 위해서 그리스도께서 우리를 사랑하신다는 말씀이다. 그 다음으로 27절은 말씀한다. "자기 앞에 영광스러운 교회로 세우사……" 여기서 영광은 영화를 말한다. 다 종합해서 말하면 무엇인가? 왜 예수님께서 우리를 이처럼 사랑하시는가? 왜 이처럼 계속적으로 사랑한다고 말씀하시는가? 여기에는 아주 깊은 신학적 의미가 있다. 곧 칭의, 성화, 영화다. 자격 없는 죄인이지만 무한한 사랑으로 우리를 의인으로 만드시려고, 그리고 사랑의 대상인 우리를 계속적으로 거룩하게 하고 구원받게 하기 위해서, 더 나아가서는 하나님의 영광에 동참하게 하기 위해서 예수님께서 사랑하신다. 그 사랑이 중단된다면 구원받을 수 없고 영화에 이를 수 없다. 지금 그러한 차원을 우리에게 말씀한다. 한마디로 아가페 사랑은 창조적 사랑이다. 이와 같이 "남편들아 아내를 사랑하라"고 성경은 말씀하는 것이다.

이런 격언이 있다. "결혼 전에는 두 눈을 떠라. 그러나 결혼 후에는 한 눈을 질끈 감아라." 아주 재미있고 의미 있는 말이다. 결혼 전에는 사랑의 대상, 곧 나를 사랑할 수 있는 사람을 눈 부릅뜨고 찾아야 한다. 열심히 찾아야 한다. 그러나 결혼 후에는 한 눈을 감아야 한다. 장점만 보란 말이다. 단점을 볼 수 있는 눈을 감으라는 뜻이다. 원래 윙크의 원래적 의미가 이것이라고 한다. '나는 장점만 보겠습니다.' 그런데 결혼 후에 자꾸 단점만 보려 한다.

얼마 전 TV를 보니 아내들에 대한 너무 재미있는 수십 가지 표현들이 소개되었는데 모두 아내들이 싫어하는 표현들이다. 대부분 살과 관련된 표현들이었다. 그런데 그 표현 중에 "야, 너 배에다 커텐 달았냐?"라는 재미있는 표현이 있는데 따지고 보면 악한 말이다. 단점을 보는 것이기 때문이다. 그래서 결혼 후에는 한 눈을 감으라는 것이다. 장점만 보라는 뜻이다. 이러한 창조적인 사랑이 필요하다. 아내 사랑하는 데 긍정적이고 좋은 면들을 보는 습관을 만들어가지 않으면 사랑을 유지하기 힘들다. 그래서 주님께서 말씀하신다. "깨끗하게 하시고 거룩하게 하시고……" "영광스러운 교회를 세우기 위해서 주님께서 이처럼 우리를 사랑하신다. 남편들아 이와 같이 사랑하라. 이것이 행복한 결혼생활의 비결이다."

사랑을 통한 권위

28절은 말씀한다. "이와 같이 남편들도 자기 아내 사랑하기를 자기 자신과 같이 할지니 자기 아내를 사랑하는 자는 자기를 사랑하는 것이니라." 예수님께서 이렇게 교회를 사랑하심같이 남편들도 자기 아내 사랑하기를 자기 자신과 같이 하라는 것이다. 교회와 그리스도가 한 몸이기 때문이다. 교회가 몸이고 그리스도가 머리라고 성경은 말씀한다. 머리와 몸의 관계처럼 남편의 지도력과 권위에 아내가 복종해야 하는데, 그 권위는 오직 사랑에 있다는 것이다. 아내를 제 몸

같이 사랑하는 그 안에서 권위를 인정받을 수 있음을 우리에게 말씀해주는 것이다. "자신을 주심같이 하라." 실제로 예수님께서 우리에게 보여주셨다. 십자가의 사랑이다. 희생적인 사랑이요, 자원적인 사랑이요, 무조건적인 사랑이다. 조건이 없다. give and take가 아니라 조건 없이 계속적인 사랑을 우리에게 주셨다.

더 나아가 에베소서 5장 29절에 보면 이렇게 말씀한다. "누구든지 언제나 자기 육체를 미워하지 않고 오직 양육하여 보호하기를 그리스도께서 교회에게 함과 같이 하나니……" 무슨 말씀인가? 남편의 아가페 사랑은 계속적인 사랑이어야 하는데, 이 계속적인 사랑은 양육과 보호의 책임을 갖고 있다는 것이다. 이것이 남편의 의무다. 양육과 보호는 구체적이고 현실적인 권면이다.

다시 예수님과 우리 관계로 돌아가보자. 예수님께서는 우리를 십자가를 통해 엄청난 사랑으로 우리를 그리스도인, 즉 의인되게 하셨다. 만일 주님께서 지금도 하나님 우편에 앉아서 계속적으로 우리를 양육하고 보호하지 않고 사랑을 주시지 않는다면 우리는 모두 구원받지 못한다. 중생이 무엇인지도 모르고 중생의 삶을 느낄 수가 없게 된다. 그러나 예수님께서는 오늘도 하나님 우편에서 계속해서 우리를 양육하고 보호한다고 말씀하신다. 이것이 그리스도의 사랑이다.

이와 같이 남편의 주도적인 사랑에는 양육과 보호의 책임이 있다는 것을 말씀하고 있는 것이다.

하나님께서 우리를 구원하는 중생적 차원의 사랑은 단 한번이지만 그것을 우리가 이루어나가는 성화의 과정에는 지속적이고 계속적인 사랑이 필요하다. 그것을 양육과 보호로 우리에게 말씀하고 있는 것이다. 우리의 결혼생활이 일시적인 것이 아니지 않은가? 결혼생활은 계속적인 것 아닌가? 나는 그래서 주례 때마다 꼭 하는 말이 있다. "사랑은 느낌이 아니다. 사랑은 실제 사건이고 현실이다." 결혼생활에서 얼마나 많은 일이 생기는가? 마치 십자가처럼, 예수님을 사랑하는 사람들이 순교할 수밖에 없는 것처럼 말이다.

그 사랑의 이야기들

어느 책에서 읽은 이야기다. 금실이 좋기로 유명한 노부부가 있었다. 부유하지는 않았지만 아주 행복하게 사는 노부부였다. 그런데 할아버지가 갑자기 몸이 아파서 병원을 다니면서 상황이 급변하였다. 그렇게 평생을 사랑하고 행복해 하던 할아버지가 어느 날부터 할머니를 구박한다. 그리고 점점 구박의 정도가 심해진다. 물 갖고 와라 하면 물 갖다주고, 약 갖고 와라 하면 약 갖다주는데, 물이 뜨겁다고 확 엎어버린다. 그래서 찬물을 갖다주면 또 트집을 잡고 찬물을 엎어버린다. 매사가 이렇다. 그러던 어느 날 손님이 찾아왔다. 그런데 할머니가 차를 늦게 내온다고, 먹을 것을 내오지 않는다고 막 구박을 한다. 결국 할머니가 설움이 북받쳐서 밖으로 뛰쳐나갔다. 손님들 중에 한 사람이 민망해하며 묻는다. "할아버지, 아니 그처럼 행복하게 사랑하며 사시던 분이 왜 이렇게 갑자기 변하셨습니까? 너무 심하지 않습니까? 도대체 왜 그러십니까?" 그러자 할아버지가 한참 동안 아무 말 안 하다가 한숨을 내쉬면서 대답한다. "우리 집사람이 마음이 여립니다. 내 생이 얼마 안 남았다고 하는데, 나 죽고 나면 집사람이 어떻게 살아갈지 걱정이 되어 조금이라도 마음을 모질게 먹으라고 이러는 것이지요." 이렇게 말하는 할아버지의 눈가에는 눈물이 글썽였다고 한다. 이것이 양육과 보호다.

또 이런 경우가 있다. 한 성도의 아내에게 치매가 발병한 것이다. 치매는 정말 무서운 질병이다. 점점 심해지면 어린아이 수준으로 돌아간다. 자신이 한 행동도 모르게 된다. 옆에 보호자가 아무리 붙어있어도 감당하지 못하는 것이다. 그런데 이 분은 매우 바쁘면서도 끝까지 환자 곁에 붙어있는다. 그래서 간병인을 두시는 것이 어떻겠냐고 조언하였더니 꼭 자신이 있어야 된다고 한다. "왜 그렇게 생각하십니까?" 했더니 이렇게 답변한다. "목사님, 거꾸로 생각해보십시오. 만일 내가 치매여서 날 병원에 두면 내가 얼마나 서운하겠습니까? 저 사람은 틀림없이 나를 끝까지 보살폈을 것입니다. 그 마음을 생각하면 저는 한시도 떨어져 있을 수 없습니다." 개인적으로 참 좋은 성도와 함께 있음을 자랑스럽게 여겼다. 이렇게 끝까지 양육하고 보호하는 것, 바로 이런 사랑을 조목조목 성경이 말씀하는 것이다. 이것이 아가페 사랑이다. 그래야 행복한 결혼생활을 할 수 있다.

행복한 결혼생활에 대해서 이 세상에 수많은 지식과 지혜가 있다. 한마디로 말씀드리는데 속지 마라. 그것은 말뿐이다. 결혼생활을 유지는 할 수 있고 순간순간 삶의 성취나 행복을 경험할지 모르나 성경을 통해 하나님께서 주시는 성령의 열매인 그 행복은 경험할 수는 없다. 그것은 오직 결혼을 창조하신 하나님을 통해서만, 우리에게 선물로 주신 하나님의 지혜에 의해서만 성취될 수 있는 것이다. 우리는 성경으로부터 지혜를 얻어야 한다. 하나님의 아가페 사랑, 그리스도의 교회에 대한 사랑과 같이 남편들이 아내를 사랑하라는 것이다. 이 외에 하나님께서 주시는 행복의 극치를 경험할 수 없다. 이 진리를 믿고 묵상하고 깨닫고 삶에 적용해야 한다. 그런데 믿지도 않고 깨닫지도 못하고 적용도 못한다. 그리고 다른 데서 그 원인과 해결책을 찾는다. 그렇다면 끝나지 않을 것이다.

성경은 신비하고 행복한 그리스도인의 결혼생활에서의 남편의 주도적인 책임에 대해서 말한다. "남편들아 아내를 사랑하라." 나는 이 말씀을 묵상하면서 얼마나 감사했는지 모른다. 사랑해야 할 이유까지 교회와 그리스도와의 관계를 통해 아주 신비하게 우리에게 지혜를 주신다. 문제는 이것이다. 내게 주신 말씀만 듣자. 그런데 꼭 아내는 남편에게 주는 말만 생각하고 남편은 아내에게 주는 말만 생각한다. 이래서는 진리가 진리되게 할 수 없다. 그리고 말씀을 들으면서 꼭 다른 사람을 생각한다. 성경은 다른 누군가가 아니라 내게 주시는 말씀으로 들어야 한다. 어떤 말씀이라도 창세기부터 요한계시록 어느 한 절이라도 모두 내게 주시는 말씀이다. 성령께서 말씀을 주신다. 그 깊은 곳에서 모든 문제의 답을 얻어야 한다.

결혼 50주년을 맞이하여 금혼식을 올린 어느 부부가 있었다. 성공적인 결혼생활을 했기에 여러 사람이 물었다. "그 비결이 무엇입니까?" 그러자 남편이 대답 대신 자기의 이야기를 들려준다. 그는 고아로 아주 어렵게 자랐다고 한다. 그래서 열심히 최선을 다해서 일했다고 한다. 그러다 부인을 만나서 한눈에 반했는데 데이트 한번 제대로 못해봤다고 한다. 그만큼 분주하게 살면서 아내를 만나 사랑이 싹터서 결혼하게 되었다. 그런데 결혼식 때 장인이 결혼식 끝나자마자 사위를 불러서 선물을 하나 주면서 간곡히 당부했다고 한다. "이 안에는 행복한 결혼생활을 위해서 자네가 꼭 알아야 될 것이 있네." 너무도 궁금해서 즉시 열어보았는데 금줄로 된 손목시계였다. 뚜껑을 열어어야 하는 시계였다고 한다. 그 겉뚜껑에 한 문장의 글이 적혀 있었다고 한다. 결혼생활의 행복의 비결은 바로 그 글이었다. "아내에게 기분 좋은 말을 해주라." 아주 간단한 말이다.

사랑은 전해져야 한다. 'be loved'에서 'feeling loved'로 표현되어야 한다. 분명히 하나님께서는 이 세상을 사랑하신다. 나를 사랑하신다. 그런데 이것이 전해지 않으면 소용없기에 하나님께서는 이 땅에 오셔서 십자가로서 그 사랑을 전해주셨다. 전달되지 않는 사랑, 표현되지 않은 사랑은 무효. 하나님께도 아무 소용없다. 하물며 사람에게 무슨 효과가 있겠는가? 전해져야 한다. 표현해야 한다. 본문은 말씀한다. "남편들아, 아내 사랑하기를 그리스도께서 교회를 사랑하시고 그 교회를 위하여 자신을 주심같이 하라."

부모와 자녀가 걸어야 할 길

일가족 다섯 명이 고층빌딩 꼭대기에서 뛰어내렸다고 한다. 그런데 한 사람도 떨어지지 않았다. 어떻게 된 것일까? 아빠는 '제비'족, 엄마는 '바람난' 여자, 큰애는 '비행' 청소년, 둘째 애는 '날라리', 셋째 애는 '덜 떨어진' 애, 이렇게 해서 한 사람도 안 떨어졌다는 것이다. 비록 우스운 이야기이지만 오늘날 가정의 와해되어 가는 모습을 은근히 보여주는 것이 아닌가 싶다.

고대 거대한 로마제국이 멸망한 원인에 대해서 의견이 분분하다. 그런데 역사가나 종교인들이 말하는 로마 붕괴의 가장 큰 원인은 군사력이나 경제력이 아닌, 내적인 타락과 부패 때문이라고 한다. 내적인 부패와 타락의 가장 밀접한 현장이 가정이다. 부부관계가 붕괴되

었고, 또 부모와 자식의 관계가 완전히 땅에 떨어졌다. 그 결과가 사회의 붕괴로 나타났다. 가정의 붕괴가 사회의 악으로 극에 달하게 한 것이다.

부모와 자녀, 인간관계의 근원

오늘날도 마찬가지다. 사회에 만연한 범죄와 폭력에 대해서 그 문제의 원인을 여러 가지로 말하지만 그 초점이 빗나갔다. 성경은 분명하게 그 원인을 가정이라고 말해주고 있다. 가정이 회복되어야 이 사회의 모든 근본적인 악의 문제가 회복되는 것이지 아무리 사회정화 교육을 시키고, 교도소를 만들고, 좋은 학교를 세워보아야 소용없다. 가정이 회복되지 못하면 아무것도 아니다. 그래서 요즘은 각종 사회적인 문제와 위기를 극복하는 해법 또한 가정에 있음을 서서히 인식해가고 있다.

세상에서 살아가는 동안 우리는 다양한 인간관계를 맺는다. 또 인간관계를 잘 해야만 성숙하고 성공적인 사회생활을 할 수 있다. 그런데 이 모든 인간관계 중에서 가장 본질적인 인간관계가 부부관계이고, 두 번째가 부모와 자식의 관계다. 여기부터 중요성을 인식해야 한다. 다시 말해서 가정 안에서의 바른 인간관계를 가질 수 있다면 사회에 나가서 얼마든지 다양하고 성숙한 인간관계를 가질 수 있게 된다. 어떤 사람은 가정에서는 실패하고, 사회에서는 성숙한 인간관계를 보인다. 그것은 위선이다. 결국은 실패한다. 본인도 행복하지 못하고 큰 어려움을 겪게 된다. 하나님께서 이 세상의 인간관계를 지혜롭게 성숙시키기 위해서 훈련시키는 가장 본질적인 장소가 가정이다.

그러면 건강한 가정은 어떻게 가능할까? 성경에서는 성숙한 그리스도인의 가정을 이루는 비결에 대해서 '성령충만' 이라는 힌트를

준다. 에베소서 5장 18절은 말씀한다. "성령으로 충만함을 받으라." 성령께서 하나님의 말씀을 깨닫게 하고 그 진리를 적용시켜서 아름다운 가정생활의 성숙이 이루어진다는 것이다. 어디 우리 인간이 몰라서 못하는 것인가? 아는 데도 불구하고 안 되는 것이다. 우리는 새로운 차원에서 그리스도인의 진정으로 행복한 가정생활을 깨닫고, 이해하며, 또한 이루어 나가야 한다. 본문 말씀은 그 가정생활에 있어서 부모가 자녀에게, 또 자녀가 부모에게 마땅히 해야 할 하나님의 말씀이 기록되어 있다. 가장 본질적인 것이고 가장 중요한 핵심이 기록되어 있다.

부모에 대한 가르침

먼저 부모에 대해서 상고해보도록 하겠다. 부모에 대해서는 항상 먼저 생각해야 할 것이 있다. 그것은 신앙적 이해다. 세상이 부모에 대해 정의내린 것을 귀담아 듣기 전에 영적인 차원에서 부모에 대해서 바르게 이해해야 한다. 부모는 우리가 선택한 것이 아니다. 그래서 부모와의 만남은 운명이라고 할 수 있다. 세상에서는 그냥 운이라고 할지도 모르지만 우리는 분명한 답을 알고 있다. 곧 부모는 하나님께서 내게 주신 절대관계다. 하나님께서 주신 거부할 수 없는 관계다. 하나님께서 실수하신 것이 아니요, 하나님께서 그렇게 주신 것이다. 부모는 남이 보기에 좋든 나쁘든 그렇게 주신 관계라는 것이다. 그것을 먼저 인정해야 한다. 그것을 인정하지 않으면 하나님을 부정하는 것이 되어 버린다. 그렇지 않은가? '부모는 하나님께서 내게 주신 나와 절대적인 관계다.' 여기부터 우리는 부모에 대해서 생각하고 부모에 대한 출발점을 삼아야 한다. 그럴 때 바른 신앙으로 성숙한 가정생활을 이루어나갈 수 있게 된다.

본문 말씀에서 첫 교훈은 이것이다. "자녀들아, 너희 부모를 주 안에서 순종하라. 네 아버지와 어머니를 공경하라." 이것이 핵심이다. 부모에 대해서 순종하고 공경하라는 것은 부모이기 때문이 아니고, 하나님께서 주신 말씀이기 때문임을 우리는 먼저 알아야 한다. 부모의 존재 이전에 하나님께서 우리에게 주신 말씀이다. 운명적으로 이 말씀을 그렇게 받아들여야 한다. 그래야 이 말씀의 깊은 뜻을 우리가 헤아릴 수 있다. 이 세상은 하나님 없는 문화와 지식으로 가득 차 있다. 그래서 성경은 불경건한 세대라고 말씀한다. 오늘 이 불경건한 시대의 표상들 중에서 가장 두드러진 것이 바로 이 점이다. 곧 부모를 거역하는 것이다. 로마서 1장 30절과 디모데후서 3장 2절에 말씀한다. 말세의 징조로 부모를 거역하는 부분이 언급되어 있다. 오늘 자녀들아, 너희 부모를 주 안에서 순종하라.
네 아버지와 어머니를 공경하라.

이 시대를 말하는 것이다. 부모에 대한 거역, 아니 부모를 무시하고 학대까지 하는 것이 말세의 징조다. 이미 성경에 나타난 말씀이다. 그런데 참으로 안타까운 것은 그리스도인의 가정에서도 이런 일이 있다는 것이다. 개인적으로 아는 분은 대형교회 장로이면서 유명한 정치인이기도 하다. 그런데 부모에게는 효도하지 않는다. 그 부모는 엄청난 재산도 물려주었다. 그런데 부모를 모시지도 않고 경제적으로 어려운 동생에게 돈 주고 모시라고 떠밀어 놓았다. 그런데도 세상 사람들에게는 아주 존경받는 사람으로 알려져 있다. 그러나 적어도 하나님께서는 아시지 않는가? 왜 이렇게 된 것일까? 본문의 말씀을 그저 상식으로 여기기 때문이다. 어디서나 볼 수 있는 윤리적인 교양 지침으로 받아들이기 때문이다. 부모를 공경하고 순종하라는 것은 하나님께서 우리에게 주신 명령이다. 그리스도인은 이 명령을 두려운 마음으로 지켜야 한다.

주 안에서 공경하라

오늘 이 시대에 그리스도인의 가정이 이 세상에 영향을 끼칠 절호의 기회다. 그리스도인만이 행할 수 있는 것이기 때문이다. 영적 차원에서 보면 가정이라는 매체를 통해서 전도에 큰 역동적인 기회를 마련할 수 있는 것이라고도 할 수 있다. 왜인가? 이 시대의 가정이 다 무너져가고 있기 때문이다. 공경, 존중, 순종이라는 단어가 점차 없어지고 있기 때문이다. 그러나 그리스도인 가정은 하나님의 말씀으로 자리 잡고 있고 회복되고 있다. 엄청난 차이다. 이러한 차원에서 가정의 문제, 부모에 대한 문제를 우리는 생각해야 한다. 이 순종이라는 말은 '아래서, 밑에서 듣는다' 라는 뜻이다. 또 공경이라는 말도 '존경하다, 경외하다' 라는 의미다. 한마디로 수직적인 관계를 보여준다. 그러므로 공경에는 권위를 인정하는 것이 포함되어 있다. 하나님께서 주신 부모의 권위다. 그래서 억지로 순종함도 아니요, 공경함도 아니다. 나가서는 보상적 관계에서 이루어지는 것도 아니다. 이것은 그야말로 자녀의 자발적인 것이요, 기쁨이요, 특권이다. 성령께서는 이렇게 우리에게 역사하셔서 이 말씀을 이루게 하신다.

성경을 보면 부모 공경에 대한 대표적인 사건이 등장한다. 큰 홍수가 난 후에 노아의 가족이 구원받았을 때, 노아가 술에 취해서 벌거벗은 채로 잠이 들었다. 이것을 그의 세 자녀가 보게 된다. 그런데 함이라는 자녀는 그 모습을 보고 킥킥대고 웃으며 조롱하면서 흉을 본다. 그 소식을 들은 야벳과 샘은 옷을 가지고 뒷걸음쳐 들어가 그 모습을 보지 않고 덮어준다. 이 사건의 결말은 이렇다. 노아의 말이다.

"함은 저주를 받아 종으로 지낼 것이다. 샘과 야벳은 복을 받아 창대할 것이다." 그 원인이 무엇인가? 공경이다. 부모를 공경하고 순종하는 것이 하나님께는 그렇게 큰 사건이라는 것이다. 에베소서 6장 1절은 분명히 말한다. "부모에게 순종하라. 이것이 옳으니라." 여기서 옳으니라(right)는 말은 '의'를 가리킨다. 부모를 존중하고 공경하는 것이 하나님 앞에서 의로운 일이란 뜻이다. 그리스도인은 하나님의 나라와 그 의를 구해야 한다. 바로 그 의의 문제가 공경과 순종의 문제라고 성경은 알려준다. 그러나 예외가 하나 있다. 부모가 하나님과의 관계를 파괴하고, 하나님 앞에서 죄를 짓게 할 때는 순종하지 않아도 된다. 이것만은 예외다. "너희 부모를 '주 안에서' 순종하라"고 성경은 분명히 말한다. 그 외에는 부모가 좋든 나쁘든 문제가 될 수 없다.

성경은 이것을 더욱 더 강조하기를 "이것이 약속 있는 첫 계명"이라고 말한다. 그러나 우리가 알기로는 분명히 십계명의 첫 계명은 "하나님 외에 다른 신을 섬기지 말라"가 아닌가? "네 부모를 공경하라"는 것은 5계명이다. 그런데 여기서는 첫 계명이라고 말하고 있다. 왜인가? 1계명에서 4계명은 하나님과 인간의 관계에서의 계명이고, 5계명부터 10계명까지가 인간관계에 주어진 계명이다. 다양한 인간관계 중에 첫 계명 되고 가장 우선적인 계명이 바로 "네 부모를 공경하라"는 것이다. 또한 "약속 있는 첫 계명이니" 하며 '약속 있는' 이라는 말을 강조한다. 사실 십계명은 모든 계명이 약속 있는 계명이다. 그 계명을 지킬 때 하나님께서 복을 주고 형통하게 하시리라고 약속하셨다. 그런데 왜 굳이 5계명을 향해서 '약속 있는' 계명이라고 말씀하신 것일까? 그만큼 강조하는 것이다. 그래서 본문 말씀 3절도 말씀한다. "이는 네가 잘되고 땅에서 장수하리라." 이미 노아의 가족을 통하여 이루어졌다. 그리고 그 말씀을 지킴으로 우리가 하나님께 복을 받는다. 또한 가정에서의 아버지의 이미지가 하나님 아버지의 이미지에 절대적인 영향을 미치기도 한다. 그래서 부모를 공경하고 순종하는 것이 "약속 있는 첫 계명"이라고 말씀하는 것이다.

그리고 더 나아가서 이것은 은혜적 차원에서 이루어지는 것을 말한다. "주 안에서 공경하라 주 안에서 너의 부모에게 순종하라." 이렇게 말씀한다. '주 안에서'라는 말은 굉장히 중요한 말씀이다. 율법적 차원을 넘어서 은혜적 차원에서 부모에게 순종하라는 말씀이다. 그러기 위해서는 어떻게 해야겠는가? 자녀 자신이 먼저 하나님의 자녀가 되어야 한다. 주 안의 삶을 모르면 이 말씀이 이루어질 수가 없기 때문이다. 주 안에서 먼저 주께 하듯 부모에게 공경하라는 말씀이다. 더 나가서는 이것은 세상의 모든 부모에게 해당되는 것을 강조한다. 만일 그리스도인 부모에게만 공경하라고 했으면 본문과 같이 '주 안에서 공경하라'가 아니라 '주 안에 있는 부모에게 공경하라'고 했을 것이다. 그렇기 때문에 믿지 않는 부모까지 적용되는 하나님의 말씀이다. 공경과 순종의 그 동기와 본질적 이유가 예수 그리스도 안에 있다는 것을 우리에게 가르쳐주고 있다. 바로 은혜적 차원이다.

자녀에 대한 가르침

더 나아가 부모가 자녀에게 해야 할 말씀이 기록되어 있다. 그래서 이렇게 시작한다. "아비들아 너희 자녀들에게……" 이 말씀에서 우리는 먼저 하나님의 뜻을 읽어야 한다. 여기서 '아비들아' 하는 말은 어머니까지 포함하는 대표성을 지닌 말이다. 아버지의 권위가 절대적인 시대였기 때문이다. 그 당시는 여성과 어린 아이들은 인격적인 대우를 받지 못했다. 그래서 당시 관습에 따라 "아비들아" 이렇게 말하는 것이다.

신약학자인 바클레이 박사는 고대 로마시대의 부모와 자녀 관계를 세 가지로 설명한다. 첫째, 아버지의 권리 즉 부권이 절대적이었다는 것이다. 어느 정도인가 하면 자녀가 말을 거역하면 자녀를 죽여도 법에 저촉이 안 되는 시대였다. 둘째로 그 당시는 자녀를 버리는 습관이 있었다. 마음에 안 들면 갖다버리는 것이다. 지금 시대는 중국이 그렇다. 중국은 지금 인구가 많아서 한 자녀 갖기 운동을 하고 있다. 그래서 자녀를 둘 이상 두면 사회로부터 교육의 혜택을 받지 못한다. 그러니까 딸을 낳으면 갖다버리는 것이다. 아니면 호적에 올리지 않는다. 얼마 전 보도를 보니 미국의 가정에서 입양한 아이들이 거의 다 딸이라는 것이다. 딸 낳으면 버린다는 말이다. 지금 이러한 악한 시대를 우리가 살고 있다. 셋째로 그 당시는 병들거나 불구인 아이들은 무자비하게 갖다버렸다. 이렇게 아버지의 부권이 절대적 권위로 자연스럽게 행해지는 시기에 성경이 기록된 것이다. 그래서 "아비들아 너희 자녀들에게" 하고 시작하는 것이다. 여기에서 우리는 깊은 하나님의 말씀을 들어야 한다. 곧 자녀들에 대한 교육과 훈계, 그리고 양육에 대한 책임이 부모에게 있다는 것을 알려주고 있다. 자녀들은 부모에 대한 권위를 인정함이 마땅하지만, 부모 입장에서는 자녀들에게 그들을 양육하고 교육시켜야 될 당연한 책임이 있다는 것이다. 그래서 "아비들아 너희 자녀를 노엽게 하지 말고 오직 주의 교훈과 훈계로 양육하라"고 말씀하고 있는 것이다.

오늘 이 시대의 가장 큰 불행이요, 비극이 바로 여기 있다. 부모들

아비들아, 너희 자녀를 노엽게 하지 말고
오직 주의 교훈과 훈계로 양육하라.

이 그들의 책임을 모른다는 것이다. 부모들의 교육과 양육이 얼마나 귀중하고, 책임 있고, 가치 있는지를 모르는 것이다. 깨닫지도 못하고 행하지도 않는다.

예를 하나 들어보겠다. 부모들이 자녀에게 교육시켜야 할 가장 중요한 것은 하나님을 알게 하는 것이다. 하나님께 영광 돌리는 것을 가르치는 것이다. 그런데 우리가 이것을 행하고 있는가? 예수 안 믿는 가정에서는 자녀를 온통 성공시키기 위해서 혈안이 되어 있다. 거기에는 하나님과의 관계가 하나도 없다. 그래서 가정이 무너지는 것이다. 당연한 결과다.

하나님의 자녀에 대한 책임의식

요즘 자녀들을 조기유학 보내는 부모들이 많은데, 이런 부모들은 특별히 자녀에게 하나님을 알게 하는 일을 두고 많이 기도하고 배려해야 한다. 그래서 나는 어느 가정에서 자녀를 조기 유학 보낸다고 하면 말린다. 왜냐하면 근본적인 것이 해결되지 않기 때문이다. 물론 유학을 보내서 유능하게 만들어 성공적인 전문인은 만들 수 있다. 그런데 신앙교육은 어떻게 시킬 것인가? 이것은 남이 시켜주는 것이 아니다. 부모가 자녀에게 행해야 하는 것으로 하나님께서 주신 특권이요, 책임이다. 그런데 가장 중요한 것을 남에게 떠맡기려 한다. 아니 하지 않아도 된다고 생각한다. 여기서 완전히 빗나가는 것이다. 이 부분을 우리는 깊이 생각하고 반성해야 한다. 부모가 자녀에게 신앙에 관한 교육과 더불어 신앙의 좋은 습관을 키워주어야 하는 것은 마땅히 해야 할 책임이다. 그럴 때 부모의 권위가 존중되는 것이다. 하나님께서 그 권위를 존중하도록 자녀를 인도하신다. 마땅히 해야 할 책임은 지지 않고 부모의 권위를 인정받고자 한다면 자녀들이 인정을 하겠는가? 그래서 이 시대가 부모의 권위가 땅에 떨어졌다는 것이다. 모든 것이 혼탁해지고 부패된 근본적인 이유는 부모가 책임의 문제를 다하지 못했기 때문이다. 자녀는 부모의 것이 아니다. 분명히 하나님의 것이다. 모든 생명은 하나님의 것이므로 하나님의 자녀로 하나님께서 인간에게 주어진 책임을 자녀에게 행해야 한다.

어느 글을 통해 이런 말을 읽은 적이 있다. "아이를 악마로 만드는 가장 확실한 방법은 아이를 신처럼 떠받들면 된다." 그러면서 아이를 망가뜨리는 10가지 지혜를 설명한다. 첫째, 어렸을 때부터 갖고 싶은 것은 무엇이든지 다 사주어라. 그러면 자신이 최고인 줄 알 것이다. 두 번째는 나쁜 말을 해도 웃어라. 그러면 더욱 악한 말과 생각을 하게 될 것이다. 세 번째는 교육과 훈련은 시키지 말고 알아서 하도록 내버려두어라. 네 번째는 아이가 치우지 않는 잠자리, 옷, 신발 등을 모두 정리해주어라. 그러면 자기 책임을 미루는 사람이 될 것이다. 다섯 번째, TV나 만화책, 게임을 마음대로 보고 읽고 놀게 놔두어라. 그러면 그 마음은 쓰레기같이 될 것이다. 여섯 번째는 아이들 앞에서 부부싸움을 자주해라. 그러면 자신의 의지대로 관철시키는 폭군이 될 것이다. 일곱 번째, 달라고 하는 대로 용돈을 다 주어라. 그러면 악의 뿌리를 키워갈 것이다. 여덟 번째, 먹고 싶고 마시고 싶어하는 것을 다 주어라. 그러면 한번이라도 거절당하면 낭패하는 사람이 되리라. 아홉 번째, 아이가 이웃이나 선생님과 대립할 때 언제나 아이 편이 되어 주어라. 그러면 사회는 아이의 적이 될 것이다. 열 번째는 약속을 어겼을 때라도 늘 웃음으로 대하라. 그러면 아이는 자라면서 신용불량자가 될 것이다. 아주 지당한 말들이다. 자녀의 삶은 부모에게 책임이 있다. 양육하고 교육하고 훈계하는 책임이 부모에게 있다는 것을 이제라도 알아야 한다. 이것이 하나님께서 주시는 말씀이다.

성령충만한 자녀양육

에베소서 6장 4절은 부모가 자녀에게 해야 할 마땅한 것을 두 가지 관점에서 기록하고 있다. 하나는 부정적이고 소극적인 관점이요, 하나는 긍정적이고 적극적인 관점이다. 먼저 부정적이고 소극적 관점은 "자녀를 노엽게 하지 말라"는 것이다. 자녀들이 부모를 공경하고 순종하는 것은 절대적인 것이다. 그 권위의 책임에는 로마시대 아버지의 부권처럼 항상 위엄이 따른다. 그래서 자녀에 대한 것에 절대 균형의 기준을 적어놓는다. 하나님의 지혜다. 나는 이 말씀을 묵상하는데 고등학교 때 선생님이 생각났다. 1학년 때 국어선생님인데, 내가 그 선생님께 비합리적이고 억울하게 혼난 적이 있다. 그 다음부터는 그 선생님이 보기 싫었다. 일부러 국어공부를 하지 않고 그냥 백지를 낸 적이 있는데, 그래서 전교 꼴찌를 했다. 그 선생님이 1학년 학기말에 날 불렀다. 왜냐하면 수학은 내가 전교 1등을 했기 때문이다. 선생님이 어떻게 가장 중요한 과목 하나는 누구보다 잘 하는데, 국어는 꼴찌를 하냐고 다그쳤다. 나는 그 이유를 끝까지 말하지 않았다. 얻어맞으면서도 속으로 '당신 때문이지' 하며 버텼다. 너무 싫었고 화가 치밀었다.

가정에서도 이런 일이 얼마든지 일어난다. 물론 자녀를 야단칠 때는 잘 하라고 야단치는 것이다. 그런데 막 감정을 실어 짜증내고 화 내면서 매를 들고 훈계한다. 그러면 자녀가 어떻게 생각하겠는가?

이것을 성경은 그렇게 표현한 것이다. 자녀가 노여워한다는 것이다. 이것은 불합리한 것이다. 여기서 빗나가는 것이다. 이것은 유익이 아니라 더 큰 화가 된다. 악이 되고 만다는 것이다. 간단한 성경말씀이지만 진리로 받아들여야 한다. 절대로 자녀를 노엽게 하지 말라는 것이다. 아무리 자녀를 징계해도 사랑으로 하는 징계는 노여움과 무관하다. 그래서 자녀를 노엽게 하지 않으려면 부모가 성령충만해야 한다. 그외에 길이 없다. 항상 은혜가 충만해야 한다. 그래야만 자녀를 노엽게 하지 않게 된다. 우리는 부지중에 분명히 자녀를 노엽게 할 것이다. 자식들은 항상 그것을 기억하고 있다. 성령의 열매 중에 그 마지막 열매가 절제다. 나는 개인적으로 그 부분을 깊이 묵상한다. 그러니까 여덟 가지 열매가 잘 열려도 마지막 열매인 절제가 안 되면 다 무너지는 것이다. 그렇지 않은가? 자녀에게 훈계하고 교육할 때 항상 절제를 지녀야 한다. 균형을 이루어야 하기 때문이다. 어떤 부모들은 같은 사건을 놓고 막 야단을 치기도 하고 그냥 넘어가기도 한다. 이렇게 부모가 비합리적이면 자녀가 노여워한다. 또 부모가 이기적이어도 자녀는 노여워한다. 그리고 부모의 가혹한 행위에도 자녀는 노여워한다. 어떨 때는 굴욕을 느끼며 노여워한다. 여기서 아주 신중하게 생각하지 않으면 답이 없다. 그래서 답이 성령충만밖에 없다는 것이다. 성령충만하고, 은혜충만하여 그리스도의 사랑으로 넘치면 성령의 인도하심에 따라 자녀를 바르게 교육시킬 수 있다. 자녀들은 항상 부모의 모습을 보고 생각하고 행동한다. 그러고 보면, 자녀를 노엽게 하지 말라는 이 간단한 말씀조차도 오직 그리스도인만이 지킬 수 있는 것이다. 성령충만해야만 이 말씀을 이루어나갈 수 있기 때문이다.

한국가정사역 연구소에서 20대에 청년들을 상대로 설문 조사를 한 일이 있다. "나에게 상처를 주고 고통스럽게 한 사람이 누구인가?"라는 질문에 73%가 부모라고 대답을 했다고 한다. 물론 친구, 선생님, 회사 사람, 교인도 있다. 그런데 73%가 부모다. 가만히 생각해보니 적어도 20대에는 부모에 대한 기억이 가장 클 것 같다. 아마 그들도 40, 50대가 되어 철이 들면 생각이 달라지겠지만, 아직 20대에는 그런 생각이 없어지기 힘들 것이다. 그래서 대화가 단절되고 건강한 가정생활을 만들어나갈 수가 없다는 것이다.

삶으로 가르치라

나아가 본문은 적극적이고 긍정적인 관점에서 우리에게 말씀해준다. 4절 후반부에 있는 말씀이다. "오직 주의 교훈과 훈계로 양육하라." 이 말씀이다. 부모가 자녀에게 하는 것은 너무나 간단하다. 머리가 너무 복잡할까봐 하나님께서 아주 간단하게 주셨다. "노엽게 하지 말라." 적극적인 말씀은 주의 교훈과 훈계로 양육하라는 것이다. 이것뿐이다. 성경은 분명하게 말씀한다. "징계가 없는 자식은 사생아라." 그러므로 부모된 우리는 사랑으로 징계해야 하고 훈계해야 한다. 그래야 자녀들이 바르게 성장할 수 있기 때문이다. 이것을 다른 사람에게 하라는 것이 아니다. 성경은 부모가 직접 하라고 말씀하는 것이다. "부모들아, 자녀들을 오직 주의 교훈과 훈계로 양육하라." 우리의 자녀를 교회 학교에만 다 맡기지 말자. 교회에 일주일에 한 번 잠깐 왔다가는데 신앙교육이 얼마나 이루어지겠는가? 자녀를 향한 주된 신앙교육의 책임은 가정에 있는 것이다. 성경은 분명하게 말씀한다. 이 세상에는 주의 교훈과 훈계를 배우고 싶어도 배울 곳이 없다. 이 세상의 교육, 문화, 철학, 사회 이 모든 것이 하나님 없는 세계관이다. 하나님 없는 지식이다. 그래서 학교에서 오늘날 진화론을 배우고 그러지 않는가? 그런데 집에서도 가르치지 않으면 어떡하겠는가? 그럼 하나님이 계시다는 것을 어떻게 알겠는가? 자녀가 하나님을 모르는 사람이 되는 것이다. 얼마나 무서운 일인가? 그래서 이 시대에 마지막 남은 하나님 나라에 대한 소망은 가정과 교회인 것이다. 그리스도인으로 이루어진 가정과 그리스도의 몸된 교회, 이렇게 둘이다. 이 두 곳에서만 주의 교훈과 훈계로 양육시켜주는 것이다. 그래서 가정과 교회는 엄청난 곳이다.

유대인을 한번 생각해보도록 하자. 유대인은 전 세계에서 가장 존경받는 지식층이요, 권력층이다. 그 소수민족이 모든 분야에서 지금 전 세계를 다 휘어잡고 있다. 그런데 그들의 교육방식을 보면, 어려서부터 대학 이전까지는 탈무드와 구약만 본다. 50%가 그렇다. 그런데 탈무드와 구약은 사실 율법일 뿐 은혜가 없다. 양으로 따지면 50%이지만 질로 따지면 10%밖에 안 되는 것이다. 그런데 그 하나님의 말씀으로 교육시킨 유대인들이 전 세계에 큰 영향을 미치는 것이다. 이것을 뻔히 알면서도 그리스도인 가정에서 성경교육, 기도교육, 신앙교육을 바로 시키지 않는다. 어느 부모는 고3만 되면 1년 동안 교회를 쉬라고까지 한다. 열심히 공부해서 대학교나 들어가라는 것이다. 이래서 되겠는가? 하나님께 복을 받으려면 가장 본질적인 것, 즉 하나님 앞에서 정체성이 바로 서야 되는데 이게 잘못되어 가고 있다. 그래서 가정이 파괴되지 않는가? 만약 내게 불효자 자식이 있거든 '내가 자녀를 바르게 신앙교육 시켰나' 하고 고민해보도록 하자. 아주 자명한 결과다. "주의 교훈과 훈계로 양육하라." 하나님의 말씀이다. 부모가 가정에서 성경을 가르치려면 부모 자신이 봐야 되지 않는가? 본은 저절로 보여지는 것이다. 부모가 본이 되어 기도하는 것도 가르치고, 또 성도의 교제가 얼마나 귀하다는 것도 가르치고, 더 나아가서 교회 중심의 삶 등 모든 신앙생활에 대한 것을 가르쳐야 한다. 공부는 나중에 해도 되는 것이다. 난 26세에 대학에 들어갔고, 34세에 신학공부를 다시 시작했다. 꼭 어려서 잘해야 되는가? 중요한 것은 신앙교육이다. 나도 그렇게 신앙교육을 잘 받은 것은 아니다. 아버님이 워낙 바쁘셔서 나를 데리고 성경을 가르치신 적이 없다. 그러나 본은 보았다. 아버님은 내게 중요한 본을 보여주셨다. 자녀를 가르치거나, 자녀에게 본을 보이거나, 좌우간 둘 중의 하나는 해야 한다. 그래야 자녀가 형통한다. 하나님께서 우리의 자녀에게 복을 주신다. 우리 그리스도인들은 세상과 차원이 다른 삶을 살아야 한다. 이것이 그리스도인의 가정생활이다. 완전히 다른 차원의 삶을 믿고 순종하고 적용해나가야 한다. 그리고 나머지는 하나님께 맡기는 것이다. 하나님께서 복 주실 때 우리의 자녀가 행복하게 사는 것이다.

링컨 대통령의 간증이다. 그는 자신의 어머니에 대해 이렇게 기억한다고 말한다. "어려서 어머니가 나를 위하여 기도하시던 몇 개의 기도문을 외우고 있다. 그것은 한마디로 나를 사랑해주시던 말들이었다. 이 기도들이 평생을 따라다녔다. 나에게 가장 큰 영향을 준 것은 어머니의 기도였다."

    자녀들은 부모를 본다. 하나님께서 성령의 역사 속에서 기억나게 하시는 것은 하나님의 말씀이다. 그럴 때에 자녀는 말씀중심, 은혜중심의 삶으로 복을 받는다. 그리스도인의 가정생활이 본문의 말씀으로 회복되어야 한다. 이 말씀이 그대로 우리 삶에서 실천되고 우리 가정생활에 목표가 되어야 한다. 더욱이 오늘 이 시대는 희망이 없다. 하나님을 모르는 가정, 하나님을 모르는 지식교육은 정말 희망이 없는 것이다. 배우면 배울수록 더 나빠지게 되어 있다. 자기밖에 모르게 되지 않는가? 이제야말로 그리스도인의 가정으로 세상에 충격을 줄 기회의 시기라고 생각한다. 선교와 전도는 하나님 나라의 증인인 가정으로 보여주면 된다. 우리 가정이 행복하게 사는 것으로 보여주는 것이다. 진정한 그리스도의 가정을 이루어나가면서 점점 영향을 발휘하는 것이다. 이렇게 해서 세상에 빛과 소금의 역할을 할 수 있는 것이다. 본문의 말씀을 우리 삶에 그대로 받아들여서 복되고 성숙한 그리스도인의 가정을 이루어가야 할 것이다.

하나님이 세상을 이처럼 사랑하사

독생자를 주셨으니 이는 그를 믿는 자마다

멸망하지 않고 영생을 얻게 하려 하심이라

_요한복음 3:16

그길 위의 예수

글쓴이 / 곽요셉
펴낸이 / 백승선
펴낸곳 / 도서출판 가치창조
책임편집 / 유다미
편집기획 / 변혜정
디자인 / 유도연
일러스트 / 정윤현
마케팅1 / 임동건
마케팅2 / 백승훈
행정 / 이지현

1판 1쇄 찍음 / 2008년 10월 4일
1판 1쇄 펴냄 / 2008년 10월 10일

등록번호 / 제10-2046호
주소 / 서울시 마포구 동교동 165-8호 LG팰리스 1428호
전화 / 02) 335-2375 팩스 / 02) 335-2376
홈페이지 / www.shwimbook.com

ⓒ 가치창조, 2008. ISBN 978-89-89399-99-5   03230
책값은 뒤표지에 있습니다.

잘못된 책은 구입한 곳에서 바꾸어 드립니다.
이 책은 저작권법에 따라 보호받는 저작물이므로 본사의 허락 없이는
어떠한 형태나 수단으로도 이 책의 내용을 이용하지 못합니다.